Vorwort

Die nunmehr vorliegende Neuauflage des Prüfungsbuches Gemeinschaftskunde enthält die neuesten Modalitäten der Abschlussprüfung. Inzwischen ist nicht nur ein umfangreiches Grundwissen erforderlich, sondern auch die Fähigkeit handlungsorientiert vorzugehen. Diese kann beispielsweise darin bestehen, dass anhand vorhandener Informationen Entscheidungen zu treffen sind oder dass Probleme gelöst werden, indem Materialien wie Gesetzestexte mit herangezogen werden.

Auch die neue Konzeption berücksichtigt, dass die Auszubildenden durch die betriebliche Ausbildung über wenig Freizeit verfügen. Deshalb wurde auf eine benutzerfreundliche Ausgestaltung besonderer Wert gelegt. So soll ein ausführliches **Sachwortverzeichnis** das schnelle Auffinden aller Themen ermöglichen.

Damit auf die einzelnen Teile des Buches schnell zugegriffen werden kann, sind sie an ihrer unterschiedlichen Farbe sofort zu erkennen.

Auf **weißem Hintergrund** ist das erforderliche **Grundwissen**. Hier sind alle für die Abschlussprüfung erforderlichen Stoffgebiete in Frage und Antwort erfasst. Des Öfteren sind die Antworten umfangreicher als es in der Fragestellung verlangt wurde. Dieses Verfahren wurde gewählt, um die Leserinnen und Leser gründlicher zu informieren.

Auf **farbigem Hintergrund** stehen die **Originalprüfungsaufgaben**. Diese Aufgaben finden Sie jeweils am Ende jedes Ausbildungsjahres, direkt nach dem Grundwissen. Insgesamt müssen derzeit bei jeder Abschlussprüfung zwei solcher Fragen bearbeitet werden.

Auf **grauem Hintergrund** finden Sie **Lösungen** der Originalprüfungsaufgaben.

Wir wünschen viel Erfolg bei der Arbeit mit dem Buch und bei der nachfolgenden Zwischenprüfung und Abschlussprüfung.

Verfasser und Verlag

W0173659

Inhaltsverzeichnis

Leben in der Gesellschaft

Demokratie in Deutschland

Internationale Zusammenarbeit

Leben in der Gesellschaft

Ausbildung und Beruf

1 Nach Art. 12 GG hat jeder Bürger das Recht auf freie Berufswahl.
Durch welche Gründe wird dieses Recht eingeschränkt?
Nennen Sie drei Gründe.

a) Fehlende Ausbildungsplätze im Traumberuf
b) Mangelnde Eignung und Fähigkeiten bzw. Vorbildung
c) Zukunftsaussichten
d) Örtliches Arbeitsplatzangebot
e) Einkunftsverhältnisse im Elternhaus

2 Die angespannte Ausbildungs- und Arbeitsplatzsituation fordert von Jugendlichen heute ein hohes Maß an Flexibilität (Beweglichkeit).
Zählen Sie vier Möglichkeiten auf, wie Jugendliche Flexibilität beweisen können.

Möglichkeiten der Flexibilität:
– Sich den Gegebenheiten anpassen.
– Abweichen vom Traumberuf.
– Schulische Qualifikationen nachholen.
– Längere Anfahrtswege akzeptieren, evtl. Ortswechsel vornehmen.

3 Weshalb werden in der heutigen Arbeitswelt zunehmend sogenannte „Schlüsselqualifikationen" erwartet?

Diese Qualifikationen sollen der „Schlüssel" zur Zukunftsbewältigung sein.

4 Von den Schulabgängern werden im Beruf folgende Schlüsselqualifikationen erwartet:

a) Fachliche Kompetenzen
b) Persönliche Kompetenzen
c) Soziale Kompetenzen
d) Methodenkompetenz

Geben Sie für jeden Bereich zwei Beispiele an.

a) *Fachliche Kompetenzen:*
– grundlegende Beherrschung der deutschen Sprache
– grundlegende Rechentechniken
– naturwissenschaftliche und wirtschaftliche Kenntnisse
– Grundkenntnisse in Englisch

b) *Persönliche Kompetenzen:*
– Zuverlässigkeit
– Selbstständigkeit
– Belastbarkeit

$\rightarrow$

▷ *Fortsetzung der Antwort* ▷   c) *Soziale Kompetenzen:*
  – Verantwortungsbereitschaft
  – Kritikfähigkeit
  – Teamfähigkeit
  – Toleranz
  – Höflichkeit

d) *Methodenkompetenz:*
  – eigenständig Informationen
    beschaffen und auswerten können
  – Statistiken und Schaubilder lesen
    und auslegen können
  – logisches Denken

---

5 Welches Rollenverhalten wird

a) von einem Ausbildenden
b) von einem Auszubildenden
erwartet?
Nennen Sie je zwei Beispiele.

a) **Ausbildender:**
  – er sollte Vorbild sein
  – gerecht sein
  – für eine gute Ausbildung sorgen

b) **Auszubildender:**
  – er sollte lerneifrig sein
  – hilfsbereit sein
  – ihm übertragene Aufgaben
    gewissenhaft ausführen

---

6 Teilen Sie die folgenden Personen in eine betriebliche Rangordnung ein.

– **Auszubildender**
– **Unternehmer**
– **Meister**
– **Abteilungsleiter**
– **Geselle**

a) Unternehmer
b) Abteilungsleiter
c) Meister
d) Geselle
e) Auszubildender

---

7 Wodurch wird das Betriebsklima günstig beeinflusst?
Nennen Sie drei Gründe.

a) Moderne Ausstattung des Betriebs
b) Nette, hilfsbereite Kollegen
c) Angemessene Bezahlung
d) Höflicher Umgang miteinander

8 In der Bundesrepublik Deutschland erfolgt die Berufsausbildung im dualen System, d. h. im Betrieb und in der Berufsschule.
Welche Aufgaben haben hierbei
a) die Berufsschule und
b) der Ausbildungsbetrieb
zu erfüllen?
Nennen Sie jeweils die Hauptaufgaben.

a) In der **Berufsschule** werden Allgemeinbildung, fachtheoretische und fachpraktische Kenntnisse vermittelt.
b) Im **Betrieb** erfolgt die fachpraktische und fachtheoretische Ausbildung.

9 Die Wirtschaft fordert immer wieder eine Verkürzung der Berufsschulzeit.
Welche Argumente sprechen dagegen?

a) Verschlechterung der Ausbildung, da berufliches Wissen durch eine rasante technologische Entwicklung schnell überholt ist.
b) Kürzungen würden vor allem den allgemeinbildenden Bereich treffen. Kürzungen im allgemeinbildenden Bereich bedeutet aber auch eine Verringerung der hier erworbenen Schlüsselqualifikationen.

10 Weshalb ist lebenslanges Lernen unumgänglich?

a) Wissen verdoppelt sich im Schnitt alle 4 bis 5 Jahre. Stillstand in der Weiterbildung wirkt sich deshalb wie ein Rückschritt aus.
b) Um beruflich aufzusteigen.

11 „Wer nicht mit der Zeit geht, muss mit der Zeit gehen."
Erläutern Sie diesen Satz.

Wer den Anforderungen in der Berufs- und Arbeitswelt nicht mehr gerecht wird, läuft Gefahr, dass er seinen Arbeitsplatz verliert. Fortbildung ist unumgänglich.

12 Welche Möglichkeiten der beruflichen Fort- und Weiterbildung gibt es?
Geben Sie drei Beispiele.

– Meisterkurse
– Akademie des Handwerks
– Kurse von Kammern, Innungen, Gewerkschaften
– Fachzeitschriften, Fachbücher   →

▷ *Fortsetzung der Antwort* ▷   – Messen
                                       – Sprachkurse
                                       – Volkshochschulen
                                       – Computerkurse (Computerkenntnisse
                                         sind unverzichtbar, um sich in der
                                         Informationsgesellschaft zurechtzufin-
                                         den)

13 Wodurch kann die Selbst-   Durch Übertragung von Verantwortung
verwirklichung am Arbeits-   und Mitentscheidungsmöglichkeiten
platz gefördert werden?   kann sich der Mitarbeiter mit den
                                       hergestellten Erzeugnissen auch besser
                                       identifizieren.

14 „Egal welche Arbeit,   Die Wahl des Arbeitsplatzes darf sich
Hauptsache, das Geld stimmt."   nicht allein am Verdienst orientieren.
Nehmen Sie zu dieser Aussage   Genauso wichtige Gesichtspunkte sind:
Stellung.   – die Sicherheit des Arbeitsplatzes
                                       – die Identifikation mit der Arbeit
                                       – die Möglichkeiten der Selbstverwirk-
                                         lichung
                                       – die Aufstiegschancen
                                       – die persönliche Zufriedenheit bei der
                                         Arbeit
                                       – ein gutes Betriebsklima

15 Erläutern Sie, wie sich der   a) Niedrigerer Lebensstandard infolge
Verlust des Arbeitsplatzes auf   des geringeren Einkommens.
die Lebensqualität auswirken   b) Finanzielle Probleme führen oft zu
kann.   Spannungen innerhalb der Familie.
                                          Somit tauchen auch seelische Prob-
                                          leme auf.
                                          Man kann zum Außenseiter der
                                          Gesellschaft werden.

16 Welche Gruppen der   a) Arbeitskräfte ohne Berufsausbildung
Bevölkerung werden am häu-   b) Behinderte
figsten von der Arbeitslosigkeit   c) Arbeitskräfte in strukturschwachen
betroffen?   Gebieten
                                       d) Teilzeitarbeitskräfte
                                       e) ältere Arbeitnehmer

17 Welche Vorbeugungsmaßnahmen sollten Sie gegen eine mögliche eigene Arbeitslosigkeit ergreifen?

Überlegen Sie sich drei Maßnahmen.

a) Berufsausbildung erfolgreich abschließen
b) Bereitschaft zur Weiterbildung zeigen
c) Zur Umschulung bereit sein
d) Mobil sein bezüglich Arbeitsstelle und Wohnort

18 Immer wieder kann es im Betrieb zu Konfliktsituationen kommen.

Geben Sie mindestens vier Ratschläge, wie man sich in solchen Gesprächssituationen richtig verhält.

a) Bleiben Sie immer freundlich.
b) Hören Sie dem Gesprächspartner zu.
c) Versuchen Sie ihn zu verstehen.
d) Argumentieren Sie sachlich.
e) Vermeiden Sie persönliche Angriffe.

Die Familie als Lebensgemeinschaft

1 Die wichtigste soziale Gruppe ist die Familie.

Nennen Sie fünf Aufgaben, die eine Familie erfüllen soll.

Vermittlung von Sicherheit, Geborgenheit, Fürsorge, Pflege und Erziehung (Vermittlung von Fähigkeiten, Wertvorstellungen, sozialem Verhalten).

2 Laut Grundgesetz (Art. 6) steht die Familie unter dem besonderen Schutz der staatlichen Ordnung.

Auf welche Weise schützt bzw. unterstützt der Staat die Familie?

a) *Beratungsangebote:* Schwangerschafts-, Erziehungs-, Familien-, Schuldnerberatung, Bildungseinrichtungen
b) *Finanzielle Hilfen und Einrichtungen:* Kindergeld, Steuerfreibeträge, Ausbildungsförderung, Kindergärten, soziale Dienste/Sozialstationen
c) *Hilfen für Mütter und Väter:* Mutterschutzgesetz, Elternzeit, Mutterschaftsgeld, Elterngeld, Anerkennung von Erziehungszeiten bei der Rente

3 In welchem Gesetz sind wichtige Erziehungsziele von Baden-Württemberg festgelegt?

In der Landesverfassung

4 Nennen Sie drei Gesetze, mit denen der Staat zum Wohle der Jugendlichen in die Erziehung eingreift.

a) Jugendschutzgesetz
b) Jugendarbeitsschutzgesetz
c) Schulgesetze der Länder
d) Berufsbildungsgesetz
e) Jugendwohlfahrtsgesetz
f) Jugendgerichtsgesetz

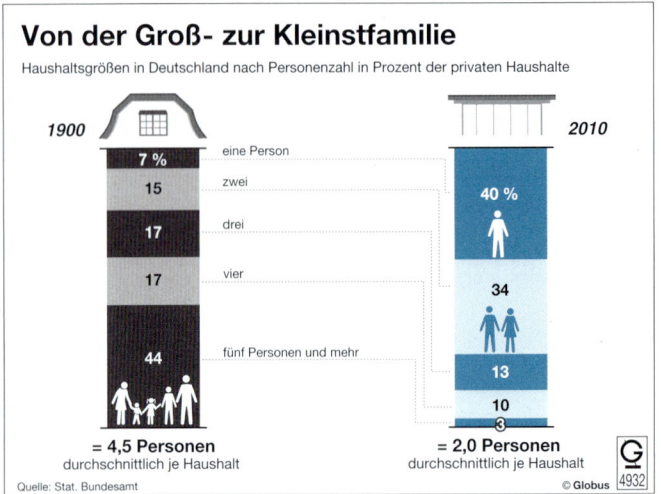

Von der Groß- zur Kleinstfamilie

Haushaltsgrößen in Deutschland nach Personenzahl in Prozent der privaten Haushalte

1900 — 2010

eine Person — 7 % / 40 %
zwei — 15 / 34
drei — 17 / 13
vier — 17 / 10
fünf Personen und mehr — 44 / 3

= 4,5 Personen durchschnittlich je Haushalt
= 2,0 Personen durchschnittlich je Haushalt

Quelle: Stat. Bundesamt   © Globus 4932

5 Beschreiben Sie anhand des Schaubildes, wie sich die Familienstruktur im 20. Jahrhundert verändert hat.

Das Schaubild lässt einen Wandel von der Groß- zur Kleinfamilie erkennen.

Großfamilie:
– Um 1900 hat mehr als die Hälfte aller Familien zwei und mehr Kinder.
– 44 % aller Familien haben 5 und mehr Personen.

Kleinfamilie:
– 2010 lebt mehr als ein Drittel aller Menschen alleine.
– 74 % der Haushalte bestehen nur aus 1–2 Personen.
– Nur in weniger als einem Drittel der Haushalte leben Kinder.
– Bei den Familien mit Kindern überwiegen die Ein-Kind-Familien.

6 **In fast allen Industrie-staaten ist die Kleinfamilie die übliche Form des Zusammen-lebens.**

Welche Gründe führten zu dieser Entwicklung?

a) Durch die Entstehung sozialer Sicherungssysteme wurde eine Absicherung der Eltern durch ihre Kinder im Alter überflüssig.
Die Folge: Geburtenrückgang.

b) Die rechtliche Gleichstellung der Frau verbessert deren Berufsaussichten. Kinder werden bei einer Berufstätigkeit oft als hinderlich empfunden.

7 **Welche Probleme können durch die Berufstätigkeit beider Elternteile entstehen?**

– Die Frau hat Mehrfachbelastungen in Familie und Beruf zu tragen.
– Die Partnerschaft kommt oft zu kurz.
– Erziehungsprobleme treten verstärkt auf.

8 **Nennen Sie drei Merkmale der heutigen Kleinfamilie.**

a) Viele Ehepaare haben heute keine Kinder mehr.

b) Die meisten Kinder wachsen als Einzelkinder auf.

c) Viele Kinder wohnen heute länger in der Familie.

d) Erziehung, Versorgung bei Krankheit und im Alter wird zunehmend mehr auf staatliche Einrichtungen verlagert.

e) Ehe und Familie sind nicht mehr die einzig anerkannte Form des Zusammenlebens in unserer Gesellschaft.

9 **Die Strukturen des Zusammenlebens haben sich stark gewandelt.**

Zeigen Sie dies an mehreren Beispielen auf.

– Doppelverdiener (beide Elternteile arbeiten)
– Familie mit Hausmann
– Alleinerziehende Väter und Mütter
– Singles
– Wohngemeinschaften
– „eingetragene Lebenspartnerschaften" (homosexuelle und lesbische Paare)

10 Im Jahr 2009 blieben bereits 21 % der Frauen in Deutschland kinderlos.

a) Welche Folgen hat dies für die sozialen Sicherungssysteme?

b) Welche weiteren Probleme entstehen durch diese Single-Gesellschaft?

a) – Immer weniger Beitragszahler müssen für die immer größer und älter werdende Generation aufkommen.
 – Steigende Beiträge sowie sinkende Leistungen in der Sozialversicherung
 – Freiwillige, staatlich geförderte private Altersvorsorge seit 2002, da die gesetzliche Rentenversicherung nicht ausreicht.

b) – Veränderungen der Familien- und Wohnformen
 – Neuorientierung im Wohnungsbau
 – Bevölkerungsrückgang und Überalterung

11 Weshalb verzichten heute viele Ehepaare auf Kinder?

Andere Lebensziele stehen heute mehr im Vordergrund z. B. die berufliche Karriere, teure Hobbys, ein eigenes Heim, Selbstverwirklichung statt Dienst für andere.

12 Welche Maßnahmen ergreifen der Staat und die Wirtschaft, um die Wiedereingliederung der Frauen nach der Babypause zu fördern?

a) **Staat:** Elternzeit auch für Väter, Stellen müssen grundsätzlich für Männer und Frauen ausgeschrieben werden, Quotenregelungen bei Stellenbesetzungen.

b) **Wirtschaft:** Schaffung von Teilzeitstellen, Job-Sharing, Gleitzeit, flexible Arbeitszeiten (Arbeitszeitkonten) erleichtern den Wiedereinstieg.

13 Um die Geburtenrate zu heben, erhalten Eltern für Kinder, die seit dem 1. Januar 2007 geboren wurden, ein Elterngeld. Nennen Sie die wichtigsten Merkmale des Elterngeldes.

Elterngeld
 – erhalten Eltern, wenn ein zuvor berufstätiger Elternteil zu Hause bleibt.
 – ist einkommensabhängig; es beträgt 67 % des zuvor bezogenen Nettoeinkommens, jedoch mindestens 300 € und maximal 1.800 € im Monat.
 – wird höchstens 12 Monate gezahlt.
 – wird 14 Monate gezahlt, wenn auch der andere Elternteil mindestens zwei Monate das Kind betreut.
 – ist steuerfinanziert und abgabenfrei.

Rechtliche Grundlagen der Familie

1 Erklären Sie den Begriff Verlöbnis (Verlobung).

Die Verlobung ist ein gegenseitiges Eheversprechen.

2 Unter welchen Voraussetzungen kann ein Verlobter (eine Verlobte) eine Verlobung auflösen?

Die Verlobung kann bei Vorliegen eines **wichtigen Grundes** aufgelöst werden.
Wichtige Gründe sind:
a) unheilbare, schwere Krankheit
b) Untreue.
Wird die Verlobung **ohne** Vorliegen eines **wichtigen Grundes** aufgelöst, so besteht **Schadenersatzpflicht**.

3 Mit welchem Alter ist man ehemündig?

Ehemündig ist man mit Vollendung des 18. Lebensjahres (Volljährigkeit).

4 Claudia ist 16 Jahre alt und möchte ihren Freund Philipp (19 Jahre alt) heiraten. Ist das möglich?

Ja, wenn ein Partner volljährig und der andere mindestens 16 Jahre alt ist. Der minderjährige Heiratskandidat benötigt jedoch die Zustimmung des gesetzlichen Vertreters oder des Vormundschaftsgerichts.

5 Nennen Sie zwei Gründe für ein Eheverbot.

a) **Bigamie**
Wer bereits verheiratet ist, darf erst dann wieder heiraten, wenn die erste Ehe rechtskräftig geschieden ist.
b) **Inzest**
Zwischen Verwandten ersten Grades bzw. in gerader Linie (Vater – Tochter, Bruder – Schwester) dürfen keine Ehen geschlossen werden.

6 Petra Huber und Hans Bauer wollen heiraten.
a) Welche Familiennamen sind möglich?

a) Bauer **oder** Huber (Familienname ist entweder der Name des Mannes oder der Geburtsname der Frau)

→

▷ *Fortsetzung der Frage und Antwort* ▷

b) Angenommen der Familienname lautet Bauer. Welchen Nachnamen kann Petra Huber wählen?

b) Bauer-Huber **oder** Huber-Bauer
(Der Ehegatte, dessen Name nicht Familienname wird, kann seinen Namen voranstellen oder anfügen.)

c) Welche Lösung gibt es, wenn man sich nicht auf einen gemeinsamen Familiennamen einigen kann?

c) Petra Huber und Hans Bauer
(Ein gemeinsamer Familienname ist nicht mehr Pflicht.)

d) Welchen Nachnamen erhalten die Kinder?

d) Die Kinder erhalten den Ehenamen der Eltern (gemeinsamer Familienname) als Geburtsnamen. Führen die Eltern keinen gemeinsamen Familiennamen, dann können sie entweder den Namen des Vaters oder den Namen der Mutter zum Geburtsnamen des Kindes bestimmen.

7 Die Ehepartner wollen in aller Stille (ohne Aufgebot und Trauzeugen) heiraten. Ist dies möglich?

Ja, seit 1. Juli 1998.

8 Was versteht man unter einer eingetragenen Lebenspartnerschaft?

Seit 1. August 2001 können auch gleichgeschlechtliche Partner den Bund fürs Leben schließen. Die Folge:

a) Beim Namens-, Miet- und Erbrecht werden die Lebenspartner Eheleuten gleichgestellt.

b) Durch die Partnerschaft entsteht eine gegenseitige Fürsorge- und Unterhaltspflicht, auch nach einer eventuellen Trennung.

c) Werden Kinder mit in die Partnerschaft eingebracht, hat der Partner lediglich ein Mitspracherecht in Angelegenheiten des täglichen Lebens.

9 In der Ehe sind die Ehepartner gleichberechtigt, d. h. sie haben beide die gleichen Rechte und Pflichten.

Nennen Sie jeweils ein Beispiel.

a) **Rechte:**
– Sorgerecht für Kinder
– Recht auf Erwerbstätigkeit
– Recht auf Unterhalt

b) **Pflichten:**
– Pflicht zur ehelichen Lebensgemeinschaft
– Pflicht zur Haushaltsführung
– gegenseitige Unterhaltspflicht

10 Erklären Sie den Begriff „elterliche Sorge".

Elterliche Sorge (BGB §1626 Absatz 1): Der Vater und die Mutter haben das Recht und die Pflicht, für das minderjährige Kind zu sorgen. Die elterliche Sorge umfasst die Sorge für die Person des Kindes (**Personensorge**) und das Vermögen des Kindes (**Vermögenssorge**).

11 Worauf müssen die Eltern bei der Ausübung der elterlichen Sorge achten?

Die Eltern üben die elterliche Sorge gleichberechtigt zum Wohle des Kindes aus. Bei Meinungsverschiedenheiten müssen sie versuchen, sich zu einigen, andernfalls kann das Vormundschaftsgericht angerufen werden, das dann einem Elternteil die Entscheidung überträgt.

12 Womit müssen Eltern rechnen, die das körperliche, geistige oder seelische Wohl ihrer Kinder bei der Erziehung vernachlässigen?

Das Vormundschaftsgericht kann den Eltern das Recht auf Ausübung der elterlichen Sorge entziehen.

13 Wer hat das elterliche Sorgerecht bei nichtehelichen Kindern?

Auch Eltern, die nicht miteinander verheiratet sind, können gemeinsam die Sorge für ihre Kinder übernehmen. Die gemeinsame Sorge bleibt bei der Trennung der Eltern bestehen. Ausnahme: Das Gericht spricht aus bestimmten Gründen nur einem Elternteil das Sorgerecht zu. →

▷ Fortsetzung der Antwort ▷

Das neue Umgangsrecht sieht seit 1998 vor, dass das Kind nach einer Trennung zu beiden Elternteilen den Kontakt behält.

14 **Haben ehelich geborene Kinder eine andere rechtliche Stellung als nichtehelich geborene Kinder?**

Eheliche und nichteheliche Kinder sind gleichgestellt.

15 **Welche Rechtsansprüche haben Kinder bezüglich ihrer Berufsausbildung gegenüber ihren Eltern?**

Grundgesetz und Landesverfassung gewähren jedem jungen Menschen das Recht auf eine Erziehung und Ausbildung, die seiner Begabung entspricht.

16 **Beide Ehepartner besitzen die sogenannte Schlüsselgewalt.**
Erläutern Sie diese Aussage.

Jeder Ehegatte kann Geschäfte, die den gemeinsamen Haushalt betreffen, **allein** abschließen. Beide Ehepartner werden dadurch verpflichtet.

17 **Wie sollten Haushalts- und Erwerbstätigkeit in einer Ehe geregelt werden?**

Beide Ehegatten sind für die Haushaltsführung zuständig. Im Falle der Erwerbstätigkeit beider müssen die Belange der Familie beachtet werden.

18 **Die Vermögensverhältnisse werden durch den ehelichen Güterstand geregelt.**
Welche zwei Hauptarten werden dabei unterschieden?

a) **Gesetzlicher Güterstand:**
   = Zugewinngemeinschaft
b) **Vertraglicher Güterstand:**
   = Gütergemeinschaft oder
     Gütertrennung

19 **Erklären Sie folgende Begriffe:**
a) Zugewinngemeinschaft,
b) Gütergemeinschaft,
c) Gütertrennung.

a) **Zugewinngemeinschaft:**
   Jedem Ehegatten gehört das in die Ehe eingebrachte Vermögen allein. Der in der Ehe erworbene Zugewinn wird im Fall der Ehescheidung mit dem anderen Ehegatten geteilt. Erbschaften und Schenkungen, die ein Ehepartner erhält, gelten nicht als Zugewinn. Sie werden deshalb dem Anfangsvermögen zugeschlagen.   →

▷ *Fortsetzung der Antwort* ▷

b) Gütergemeinschaft:
Die Einzelvermögen der Ehegatten werden gemeinschaftliches Vermögen des Ehepaares.
Bei Ehescheidung erhält jeder Ehegatte die Hälfte des Vermögens.

c) Gütertrennung:
Jeder Ehegatte nutzt und verwaltet sein Vermögen allein. Der andere Ehegatte hat kein Einspruchsrecht.
Bei Ehescheidung findet ein Ausgleich des Vermögenszugewinns **nicht** statt.

[20] Hans Huber und Ehefrau Petra lassen sich scheiden. Führen Sie den Vermögensausgleich für ihre Zugewinngemeinschaft durch. Folgende Zahlen sind zu berücksichtigen:

Vermögen des Mannes:	Vermögen der Frau:
Bei Beginn der Ehe	Bei Beginn der Ehe
50 000,– €.	100 000,– €.
Am Ende der Ehe	Am Ende der Ehe
100 000,– €.	120 000,– €.

	Vermögen bei Beginn der Ehe	Vermögen am Ende der Ehe	Zugewinn	Zugewinn gesamt	Zugewinn-ausgleich
Mann	50 000,–	100 000,–	50 000,–	70 000,–	35 000,–
Frau	100 000,–	120 000,–	20 000,–		35 000,–

Ausgleichsforderung der Frau gegenüber dem Mann

$$\frac{50\,000\,€ - 20\,000\,€}{2} = 15\,000\,€$$

[21] **Wie wird ein vertraglicher Güterstand begründet?**

Ein **vertraglicher** Güterstand entsteht durch einen Ehevertrag, der notariell beurkundet werden muss.

[22] **Welche Voraussetzung muss gegeben sein, damit eine Ehe geschieden werden kann?**

Es gilt das **Zerrüttungsprinzip.**
Eine Ehe gilt als gescheitert, wenn die eheliche Gemeinschaft mindestens **ein Jahr** nicht bestand und beide →

▷ *Fortsetzung der Antwort* ▷

Ehepartner mit der Scheidung einverstanden sind. Die vorgeschriebene Trennungszeit wird auf **drei Jahre** erhöht, wenn ein Ehepartner sich nicht scheiden lassen will. Die vorgeschriebene Trennungszeit kann sogar bis zu **fünf Jahren** betragen, wenn die Scheidungsfolgen für einen Ehepartner außergewöhnlich hart sind oder schwerwiegende wirtschaftliche Folgen für ihn und die Kinder hätten.

23 Welches Gericht ist für Ehescheidungen zuständig?

Familiengericht

24 Mit der Unterhaltsrechtsreform von 2008 wurde die Zahlung von Unterhalt nach einer Scheidung neu geregelt. Erläutern Sie die neuen Regelungen.

Unterhalt erhält nur, wer **bedürftig** ist, d. h., wer seinen Lebensbedarf nicht selbst aus seinen eigenen Einkünften oder Vermögen decken kann.
Grundsätzlich soll ein während der Ehe nicht erwerbstätiger Ehepartner nach einer Scheidung wieder erwerbstätig sein. Die Berechnung der Höhe des Unterhalts erfolgt nach der **Differenzmethode**. Dabei werden die Einkommen der ehemaligen Ehepartner voneinander abgezogen. Der Unterhaltsberechtigte erhält $3/7$ des Differenzbetrags.

25 Wie wird bei geschiedenen Ehegatten die Altersversorgung geregelt?

Es wird ein Versorgungsausgleich durchgeführt, d. h., es wird festgestellt, welcher Ehegatte während der Ehe die höheren Anwartschaften für die Altersversorgung erworben hat. Die Hälfte dieser Differenz steht dem ausgleichsberechtigten Ehepartner zu.

26 Heute wird jede dritte Ehe geschieden.
Nennen Sie drei mögliche Gründe für die Zunahme der Ehescheidungen in den letzten Jahren.

Keine Schuldfrage mehr, keine gesellschaftliche Ächtung mehr, Wunsch nach Ungebundenheit, Kennenlernen neuer Partner ist einfacher, Anforderungen an den Partner haben sich nicht erfüllt, Familien sind überlastet und zerbrechen an unterschiedlichen Problemen, wie z. B. Arbeitslosigkeit, Überschuldung, Drogensucht.

Zusammenleben in der Gesellschaft

1 Erklären Sie, was man unter dem Begriff „Rolle" versteht.

Man versteht darunter die Position, die ein Mensch einnimmt:
- *privat* als Tochter, Sohn, Frau, Onkel, Freund usw.
- *beruflich* als Auszubildender, Schüler Chef usw.

In jeder Rolle werden bestimmte Verhaltensweisen von einem Menschen erwartet.

2 Wie sah das traditionelle Rollenverständnis in unserer Gesellschaft aus?

a) Der **Mann** war zuständig für die finanzielle Absicherung der Familie. Er war der Vertreter für die Familie nach außen.

b) Die **Frau** kümmerte sich um den Haushalt und war zuständig für die Kindererziehung. Sie war finanziell abhängig vom Mann und musste meist gehorchen.

3 Wie sieht die moderne Rollenverteilung von Männern und Frauen aus?

a) **Männer** unterstützen die Frauen bei der Geburt ihrer Kinder. Sie übernehmen mehr und mehr Erziehungsaufgaben. Sie kümmern sich mit um den Haushalt und übernehmen diesen teilweise auch ganz als Hausmann.

b) **Frauen** sind nach dem Grundgesetz gleichberechtigt. Sie übernehmen mehr und mehr beruflich und politisch verantwortliche Positionen. Sie sind häufig finanziell unabhängig.

4 Belegen Sie an Hand von zwei Beispielen, dass sich die Gleichberechtigung noch nicht vollständig durchgesetzt hat.

- Die Frau muss meist Mehrfachbelastungen tragen, nämlich Beruf und Haushalt.
- In der Politik sind Frauen trotz Quotenregelung unterrepräsentiert. →

▷ *Fortsetzung der Antwort* ▷

– In den Chefetagen sind nur wenige Frauen vertreten.
– Es gibt immer noch erhebliche Verdienstunterschiede.

---

5 Nicht nur in der Erziehung, sondern unter anderem auch im Berufsleben hat ein Rollenwandel stattgefunden.
Zeigen Sie dies an zwei Beispielen auf.

a) Frauen sind immer mehr in Männerberufen zu finden, so war z. B. der Beruf des Konditors vor 20 Jahren fast ausschließlich ein Männerberuf.
b) Der Beruf der Schornsteinfegerin ist erst seit einigen Jahren für Frauen erlernbar.

---

6 Untersuchen Sie, welche Erwartungshaltungen verschiedene Rollen im Beruf mit sich bringen.

– In der Rolle des Auszubildenden ist man zunächst für sich selbst und seine Zukunft verantwortlich.
– In der Rolle des Gesellen und Meisters trägt man zunehmend mehr Verantwortung für andere.

---

7 Jeder hat für sich selbst Verantwortung zu übernehmen.
Was hat man darunter zu verstehen?

Verantwortung trägt man beispielsweise in gesundheitlicher, beruflicher, finanzieller, rechtlicher Hinsicht.
Damit verbunden ist die Verpflichtung, in all diesen Bereichen Schaden von sich abzuwenden.

---

8 Inwieweit muss man auch Verantwortung für andere übernehmen?

Verantwortung trägt man auch für das eigene Handeln gegenüber all seinen Mitmenschen, dem Partner, den Kindern, den Kollegen, der Gesellschaft, dem Staat.

---

9 Erläutern Sie an zwei Beispielen, inwieweit der Staat Verantwortung für die Gesellschaft trägt.

– Das Grundgesetz garantiert den Menschen die Grundrechte.
– Durch das Strafgesetzbuch wird versucht, Straftäter abzuschrecken.
– Eine hohe Tabaksteuer soll vom Rauchen abhalten und Gesundheitsschäden vermeiden helfen.

Der Jugendliche in der Freizeit

Möglichkeiten sinnvoller Freizeitgestaltung

1 Welche wichtigen Aufgaben sollten durch die Freizeit erfüllt werden?

Die Freizeit dient
a) der Wiederherstellung der Arbeitskraft
b) der Entfaltung der eigenen Persönlichkeit.

2 Welche Möglichkeiten der Freizeitgestaltung sind Ihrer Meinung nach sinnvoll?
Nennen Sie drei Möglichkeiten.

a) **Kulturelle Betätigung**, z. B.:
Besuch von Theatervorstellungen, Konzerten, Museen, Ausstellungen usw.
b) **Sportliche Betätigung**, z. B.:
Jogging, Leistungssport, Wandern, Skilaufen, Bergsteigen, Schwimmen, Radfahren, Drachenfliegen usw.
c) **Hobbys**, z. B.:
Lesen, Fotografieren, Malen, Handarbeiten, Basteln, Musik hören, Briefmarken- oder andere Sammlungen aufbauen usw.

3 „Die Ausweitung der Freizeit kann für Jugendliche förderlich sein."
Finden Sie ein Beispiel heraus, das diese Aussage bestätigt.

Zum Beispiel können Jugendliche durch das Erlernen einer Fremdsprache ihr Selbstwertgefühl stärken.

4 Bestätigen Sie mithilfe von drei Beispielen, dass Langeweile in der Freizeit zu einer Gefahr für Jugendliche werden kann.

Gelangweilte Jugendliche
a) verbringen zu viel Zeit mit Computerspielen und im Internet,
b) sehen zu lange fern,
c) lassen sich durch Werbung verführen,
d) könnten zur Kriminalität verleitet werden.

5 Tatsächliches Freizeitverhalten unterscheidet sich oft von dem, was junge Leute eigentlich gerne täten.
Welche Ursachen kann dies haben?

a) Gruppenzwang kann zu einem Rudelverhalten führen. (Fehlender Mut, auch mal Nein sagen zu können). Freizeitverhalten ist somit auch eine Frage der Gruppenzugehörigkeit.

→

▷ *Fortsetzung der Antwort* ▷

b) Oft fehlt das Geld, um eigene Freizeitvorstellungen umsetzen zu können.

c) Freizeitverhalten ist auch oft eine Frage des örtlichen Angebotes. Hier gibt es enorme Unterschiede zwischen Stadt und Land.

---

6 **Welche Möglichkeiten sinnvoller Freizeitgestaltung kennen Sie?**

Nennen Sie vier Beispiele.

a) mehr Zeit mit der Familie und guten Freunden verbringen
b) mehr gute Bücher lesen
c) Konzerte, Theater, Museen besuchen
d) Kurse für die berufliche und allgemeine Weiterbildung belegen
e) den eigenen Hobbys mehr Zeit widmen

---

7 **Welche Vorteile hat eine Vereinsmitgliedschaft?**

Nennen Sie drei Vorteile.

a) zahlreiche Kontakte zu anderen Vereinsmitgliedern
b) Einüben von sozialem Verhalten
c) Steigerung des Selbstwertgefühls
d) Dienst für die Allgemeinheit

---

8 **Weshalb kann es sinnvoll sein, einen Teil seiner Freizeit für den Beruf zu opfern?**

Nur wer im Beruf weiterkommt, sich Zusatzqualifikationen erwirbt, kann mehr verdienen.
Dieser Mehrverdienst bringt schließlich eine bessere Lebensqualität.

---

9 **Unsere Gesellschaft wird auch Freizeitgesellschaft genannt.**

Was ist mit diesem Schlagwort gemeint?

Die Arbeitszeit wurde immer mehr verkürzt und die Freizeit nahm somit zu. So ist in den letzten Jahren eine immer größere Freizeitindustrie entstanden. Berufe in diesem Dienstleistungssektor nehmen immer mehr zu.

Gefährdung durch falsches Freizeitverhalten

|10| Durch verkürzte Arbeitszeit nimmt die Freizeit von Arbeitnehmern zu. Besonders bei Jugendlichen entsteht oft das Problem der „Langeweile". Welche Gefahren können dadurch entstehen?

Nennen Sie drei Beispiele.

a) Alkoholmissbrauch
b) Drogenkonsum
c) übermäßiger Nikotingenuss
d) Aufenthalt in Spielhallen
e) aggressives Verhalten (Gewalt gegen Personen und/oder Sachen)
f) Kriminalität
g) übermäßiger Konsum von Computerspielen und des Internets

|11| Welche weiteren Ursachen können Probleme von Jugendlichen haben?

– Gewalt in der Familie, fehlende Geborgenheit.
– Unkritische Betrachtung der Medien und der Werbung.
– Falsche Vorbilder, Zukunftsperspektiven fehlen.
– Geldmangel ist in der „Handy-Generation" keine Seltenheit mehr.

|12| Inwiefern kann der Einzelne durch Werbung in seinem Freizeitverhalten negativ beeinflusst werden?
Überlegen Sie sich zwei Beispiele.

a) Zu viel Werbung kann zur Konsumsucht führen.
b) Durch die Werbung kann es zu fremdbestimmtem Freizeitverhalten kommen.

|13| Fernsehsendungen, Telespiele, Videofilme und Internet sind der Freizeitinhalt einer zunehmenden Anzahl Jugendlicher.
Nennen Sie drei Gefahren, die von diesem Freizeitverhalten ausgehen können.

a) zu wenig Kontakte mit anderen Menschen (Isolierung)
b) zu wenig Bewegung (körperliche Unterforderung)
c) leben in einer Scheinwelt (Realitätsverlust)
d) gefühlsmäßige Abstumpfung und Gewöhnung an Gewalt

|14| Beschreiben Sie den Weg in die Drogensucht.

Zunächst wird der Genuss entdeckt. Daraus kann schnell Gewöhnung werden. Die Gewöhnung führt zur Abhängigkeit und dies schließlich zu einer Wesensveränderung des Menschen. →

▷ *Fortsetzung der Antwort* ▷

Es ist schwer zu erkennen, wann die Grenze zwischen Genuss und Sucht überschritten wird.

15 In unserer Gesellschaft gibt es
a) erlaubte (legale) und
b) verbotene (illegale) Drogen.
Nennen Sie jeweils zwei Beispiele.

a) **Erlaubte (legale) Drogen:**
  – Alkohol
  – Nikotin
b) **Verbotene (illegale) Drogen:**
  – Haschisch
  – Heroin

16 Die illegalen Drogen kann man in
a) Halluzinogene (= Drogen, die eine seelische Abhängigkeit erzeugen) und
b) Opiate (= Drogen, die körperliche und seelische Abhängigkeit erzeugen)
einteilen.
Nennen Sie für jede Drogenart zwei Beispiele.

a) **Halluzinogene:**
  – Kokain
  – LSD
  – Haschisch
b) **Opiate:**
  – Heroin
  – Opium
  – Morphium

17 Was kann man gegen den Konsum von legalen und illegalen Drogen tun?
Nennen Sie zwei Möglichkeiten.

a) Frühzeitige Information über die schädlichen Folgen des Drogenkonsums
b) Bereitschaft zur Aufgabe bereits bestehender Abhängigkeit, z. B. Aufgabe des Rauchens, Hilfsangebote nutzen, um vom Konsum illegaler Drogen wegzukommen (Drogenberatungsstelle u. a.)
c) Bereitschaft zur Therapie bzw. Entziehungskur

18 Viele Jugendliche nehmen Drogen, um Probleme zu verdrängen.
Begründen Sie, weshalb Drogen niemals diesen Zweck erfüllen können.

a) Jede Droge wirkt nur eine begrenzte Zeit. Danach sind die Probleme wieder vorhanden.
b) Der Drogenkonsument wird von der Droge abhängig. Je nach Art der Droge können seelische Schäden, →

▷ *Fortsetzung der Antwort* ▷
körperliche Schäden oder gar der Tod die Folge sein.

c) Viele Drogensüchtige verüben Straftaten, damit sie die teuren illegalen Drogen finanzieren können.

19 Warum sind „Alcopops" so heimtückisch in der Wirkung?

Bei „Alcopops" wird Limonade mit „hartem" Alkohol (Schnaps, Branntwein) versetzt. Durch den süßen Limonadengeschmack wird der Alkoholgehalt nicht richtig wahrgenommen, deshalb ist es schwierig den Alkoholkonsum zu kontrollieren. Die Folgen: Alkoholmissbrauch und Sucht, die zu körperlichen Schäden sowie zu sozialen und psychischen Problemen führen können.

20 Nennen Sie drei Ursachen der Jugendkriminalität.

a) Langeweile
b) familiäre Probleme
c) gestörtes Selbstbewusstsein
d) Arbeitslosigkeit
e) Alkoholmissbrauch
f) Drogenkonsum

21 Welche Gründe führen zu einer zunehmenden Gewaltbereitschaft bei vielen Jugendlichen?
Nennen Sie drei Gründe.

a) Übertragung von Gewaltdarstellungen in den Massenmedien auf den Alltag
b) Gewalt als Reaktion auf Probleme in der Familie, in der Schule und im Beruf
c) Gewalt als „Lösung" für Probleme, mit denen man selbst nicht fertig wird
d) Gewalt als Mittel zur Darstellung der eigenen Macht
e) Gewalt als Mittel zur Überwindung der eigenen Ohnmacht

22 Wie wirkt sich Alkoholkonsum bei gewaltbereiten Jugendlichen aus?

a) Die Hemmschwelle zur Vermeidung der Anwendung von Gewalt sinkt.
b) Urteilsfähigkeit und Selbstkritik, moralische und seelische Kräfte werden beeinträchtigt. →

▷ *Fortsetzung der Antwort* ▷

c) Die Triebkräfte bestimmen das Handeln.

23 Bei welchen Einrichtungen können Jugendliche Beratung und Hilfe erhalten?

Ärzte, Polizeidienststellen, Jugendämter, Drogenberatungsstellen, kirchliche Stellen, Streetworker

24 Begründen Sie, warum Gewaltanwendung kein Mittel der Problemlösung sein darf.

In einer demokratischen Gesellschaft ist ein gedeihliches Zusammenleben nur möglich, wenn die Grundrechte anderer respektiert werden. Der Einsatz von Gewalt zur Durchsetzung persönlicher Ziele und Interessen verletzt die Grundrechte anderer. In der Demokratie darf nur der Staat zur Aufrechterhaltung der Ordnung Gewalt anwenden.

25 Wie könnten Ihrer Meinung nach die folgenden Gruppen dazu beitragen, die Jugendkriminalität zu bekämpfen bzw. ganz zu verhindern?
a) Familien
b) Jugendliche
c) Öffentlichkeit

a) **Familie:**
   gute Erziehung und ausreichende Wahrnehmung der Vorbildfunktion.

b) **Jugendliche:**
   sinnvolle Freizeitgestaltung; Bedenken der Folgen von kriminellen Handlungen.

c) **Öffentlichkeit:**
   keine Verharmlosung der Kriminalität.

26 Welche Personengruppen werden im Strafrecht unterschieden?

Ordnen Sie den einzelnen Gruppen die entsprechenden Altersstufen zu.

a) **Kinder** – bis 14 Jahre
b) **Jugendliche** – 14 bis 18 Jahre
c) **Heranwachsende** – 18 bis 21 Jahre
d) **Erwachsene** – über 21 Jahre

27 Welches Gericht ist für die Verurteilung von Straftätern zuständig, die noch nicht erwachsen (21 Jahre) sind?

Jugendgericht

28 Wann werden Heranwachsende nach dem Jugendstrafrecht verurteilt?

a) Wenn sie eine typische „Jugendtorheit" begangen haben.

b) Wenn ihr Entwicklungsstand eher dem von Jugendlichen entspricht.

29 Der Jugendrichter kann

a) Erziehungsmaßregeln
b) Zuchtmittel
c) Jugendstrafen

verhängen.

Nennen Sie jeweils ein Beispiel.

a) **Erziehungsmaßregeln:** Verbot des Umgangs mit bestimmten Personen, Einweisung in ein Heim.

b) **Zuchtmittel:** Verwarnung, Auflagen (meistens soziale Hilfsdienste), Jugendarrest (kurze Zeit)

c) **Jugendstrafen:** Freiheitsentzug, Einweisung in eine Jugendstrafanstalt (Dauer der Jugendstrafe: 6 Monate bis 5 Jahre)

30 Durch das Jugendschutzgesetz will der Staat die Jugendlichen vor der „Geschäftstüchtigkeit" mancher Erwachsener und vor sich selbst schützen.

Nennen Sie zwei Verbote, die

a) nur für Jugendliche unter 16 Jahren,
b) für Jugendliche unter 18 Jahren

gelten.

a) **Verbote für Jugendliche unter 16 Jahren:** Rauchen in der Öffentlichkeit, Anwesenheit bei öffentlichen Tanzveranstaltungen, Abgabe von alkoholischen Getränken

b) **Verbote für Jugendliche unter 18 Jahren:**
Aufenthalt an jugendgefährdenden Orten („zweifelhafte" Lokale etc.), Abgabe und Genuss von Branntwein und branntweinhaltigen Getränken, Besuch von Kabarett- und Revueveranstaltungen

31 a) Nennen Sie zwei Regelungen, die 2008 in das Jugendschutzgesetz aufgenommen wurden.

b) Wie werden Zuwiderhandlungen gegen diese Regelungen geahndet?

a) – Umrüstung von Tabakautomaten, sodass Kinder und Jugendliche unter 18 Jahren keine Zigaretten mehr entnehmen können.
– Verbot von Tabak- und Alkoholwerbung in Kinos vor 18 Uhr.
– Altersfreigabekennzeichnung für Computerspiele und Bildschirmspielgeräte.

b) Zuwiderhandlungen können als Straftat oder Ordnungswidrigkeit mit Bußgeld bis zu 50.000 € geahndet werden.

Von der Agrargesellschaft zur Industrie-, Dienstleistungs- und Informationsgesellschaft

1 Ab etwa 1750 war in Europa eine starke Zunahme der Bevölkerung zu verzeichnen. Nennen Sie zwei Gründe für diesen Bevölkerungszuwachs.

a) **Fortschritte in der Medizin:**
– erfolgreichere Seuchenbekämpfung
– Senkung der Kindersterblichkeit
– bessere Hygiene

b) **Beseitigung der Leibeigenschaft:**
= Auslöser einer Heiratswelle in der ländlichen Bevölkerung

2 Welche Folgen hatte die „Bevölkerungsexplosion" für die Wirtschaft?

a) Großes Arbeitskräfteangebot

b) starke Nachfrage nach Gütern des täglichen Bedarfs

3 Die durch die Bevölkerungsexplosion gestiegene Nachfrage konnte durch die damals üblichen Manufakturen und Handwerksbetriebe nicht mehr befriedigt werden. Durch welche Erfindungen wurde die erste industrielle Revolution erst ermöglicht?
Nennen Sie drei Beispiele.

a) Dampfmaschine
b) mechanischer Webstuhl
c) Hochofen
d) Jacquardmaschine
e) Weberschiffchen

4 Welche Veränderungen ergaben sich durch die erste industrielle Revolution für das Transportwesen?
Nennen Sie zwei Beispiele.

Die Dampfkraft wurde auch zur Lösung von Transportaufgaben eingesetzt.

a) **Gebiete in Übersee** wurden mit mehr Fracht schneller erreichbar.

b) Bei der **Binnenschifffahrt** lohnte sich der Bau von Kanälen.

c) **Überlandverkehr:**
Die Ergänzung auf dem Landweg erfolgte durch die Dampflokomotive*).

---

*) 1835 wurde in Deutschland die erste Eisenbahnlinie (Nürnberg–Fürth) dem Verkehr übergeben. Es folgte der Ausbau eines immer dichter werdenden Eisenbahnnetzes.

⌐5⌐ Für den Auf- und Ausbau
großer Industriebetriebe war
sehr viel Kapital nötig, das
nur selten von einzelnen
Unternehmern bereitgestellt
werden konnte.
Durch welche neue Unterneh-
mungsform konnten große
Kapitalien beschafft werden?

Aktiengesellschaften

⌐6⌐ Wodurch erreichten die
Banken eine führende Rolle
bei der Industrialisierung im
19. Jahrhundert?
Nennen Sie drei Gründe.

a) Kreditvergabe an Industrieunter-
   nehmen
b) Verkauf der Aktien neuer Aktiengesellschaften an die Anleger
c) Viele Banken waren selbst Aktionäre
   bei Industrieaktiengesellschaften
d) Gründung von Bankaktiengesell-
   schaften

⌐7⌐ Durch den Aufschwung
von Bergbau und Industrie
wurde eine große Zahl von
Industriearbeitern benötigt.
a) In welchen Wirtschaftszwei-
   gen hatten diese Industriearbeiter vorher gearbeitet?
b) Welche Probleme hatten sie
   durch ihre neue Tätigkeit als
   Industriearbeiter?
   Nennen Sie zwei Probleme.

a) – Landwirtschaft
   – Handwerksbetriebe
   – Manufakturen
b) **Anpassung an die Fabrikarbeit:**
   – regelmäßiger Arbeitsrhythmus
   – Einhaltung eines Zeitplans

⌐8⌐ Welche Entwicklungen
brachte die zweite industrielle
Revolution?

– Verbrennungs- und Elektromotoren
  verdrängten die Dampfmaschine.
– Das Fließband wurde erfunden.
– Die Landwirtschaft ging in ihrer
  Bedeutung weiter zurück.
– Die wichtigsten Industriezweige
  waren die Stahlindustrie, der Maschi-
  nenbau, die Automobilindustrie.

9 **Durch welche Entwicklungen ist die dritte industrielle Revolution gekennzeichnet?**

– Die elektronische Datenverarbeitung erlangt eine überragende Bedeutung.
– Über die Hälfte aller Arbeitnehmer arbeitet heute im Dienstleistungsbereich.
– Insbesondere die Kommunikationsindustrie wächst weiterhin sehr stark an.

10 **Das 20. Jahrhundert ist gekennzeichnet durch eine ständig steigende Produktivität.**

a) **Welche Erfindung führte in den zwanziger Jahren dieses Jahrhunderts in der Automobilindustrie zu einer großen Steigerung der Produktivität?**

b) **Welche Erfindung führt seit den siebziger Jahren dieses Jahrhunderts zu einer steigenden Produktivität in fast allen Wirtschaftsbereichen?**

a) Henry Ford führte in den USA erstmals die **Fließbandfertigung** ein*).

b) **Mikroprozessoren****), die immer leistungsfähiger werden, finden in fast allen Bereichen der Wirtschaft und des täglichen Lebens Anwendung.

---

*) kann als Beginn der zweiten industriellen Revolution bezeichnet werden
**) kann als Beginn der dritten industriellen Revolution bezeichnet werden

11 **Erklären Sie den Begriff „steigende Produktivität".**

Steigende Produktivität:
= wenn bei gleichbleibendem oder sinkendem Arbeitsaufwand die Produktionsmenge steigt.

12 **Wodurch kann die Produktivität gesteigert werden?**
Nennen Sie fünf Möglichkeiten.

a) Rationalisierung
b) Automatisierung
c) Humanisierung der Arbeit
d) computergesteuerte Produktion (CIM***)
e) neue Techniken in Verwaltungen und bei Dienstleistungen

***) Computer Integrated Manufacturing

13 **Erklären Sie die Begriffe**
a) **Rationalisierung**
b) **Automatisierung.**

a) **Rationalisierung:**
= sinnvolle Gestaltung des Arbeitsablaufs; z. B. „teure" Arbeitnehmer werden durch Maschinen ersetzt.   →

▷ *Fortsetzung der Antwort* ▷

b) Automatisierung:
= Güter werden weitgehend selbstständig von Maschinen hergestellt, die von Maschinen gesteuert werden. Der Mensch kontrolliert und überwacht nur noch.

14 Was versteht man unter Humanisierung der Arbeit?

Die Arbeitsbedingungen sollen humaner (menschlicher) gestaltet werden.

Beispiele:

- gesundheitsgefährdende Arbeiten werden von Maschinen verrichtet
- bei eintönigen Arbeiten findet häufiger **Aufgabenwechsel** statt
- eintönige Fließbandarbeit wird durch **Gruppenarbeit** ersetzt
- nicht ausgelastete Arbeitnehmer übernehmen zusätzlich verantwortungsvolle Aufgaben (**Aufgabenbereicherung**)
- eng abgegrenzte Arbeitsaufgaben werden durch zusätzliche Aufgaben erweitert (**Aufgabenerweiterung**)

15 Was versteht man unter computergesteuerter Produktion?

Anwendung der Mikroelektronik bei der Güterproduktion.

Beispiele:

- Steuerung des Produktionsablaufs durch Computer
- Umstellung des Produktionsprogramms mithilfe von Computern
- Überwachung und Steuerung des Materialflusses vor, während und nach der Produktion durch Computer
- Auswertung und Verbesserung des Produktionsablaufs mithilfe von Computern

16 Wodurch ist die heutige Informationsgesellschaft gekennzeichnet?

Innerhalb der Informations- und Kommunikationswege hat ein rasanter Wandel stattgefunden.
Dies betrifft vor allem auch Aus- und Weiterbildungsmöglichkeiten sowie Freizeitangebote.
Information wird zum wichtigsten Rohstoff der Zukunft.
Der Umgang mit ständig neuen Medien muss gelernt werden und ist prägend für unsere Zeit.

Neue Medien und Technologien – Herausforderungen für alle Lebensbereiche

1 Im Bereich der Medien und der Kommunikation hat sich in den letzten 20 Jahren eine Revolution vollzogen, vergleichbar mit der industriellen Revolution im 19. Jahrhundert. Eine entscheidende Rolle spielt hierbei die Mikroelektronik. Was ist darunter zu verstehen?

Der technische Fortschritt ermöglicht den Bau immer kleinerer, leistungsfähiger und billigerer Schaltungen (Mikrochips). Mikrochips sind eine Computertechnologie, die Arbeitsergebnisse steuert und organisiert.
Mikrochips finden wir heute nicht nur in Computern, sondern in fast allen technischen Geräten.

2 Welche wirtschaftlichen Vorteile hat die Mikroelektronik für die Nachrichtenübermittlung gebracht?

Die Kosten für die Nachrichtenübermittlung sind drastisch gesunken.
Kataloge, Telefonbücher usw. können kostengünstig auf CD-ROM verschickt oder einfach ins Netz (Internet) gestellt werden.

3 Was versteht man unter dem Begriff „Vernetzung"?

– Neben der Datenverarbeitung am Computer spielt der Datenaustausch, d. h. die Vernetzung der einzelnen Computer eine immer wichtigere Rolle.

– Solche Vernetzungen können innerhalb eines Betriebes im *Intranet* stattfinden. →

▷ *Fortsetzung der Antwort* ▷

– Ein weltweiter Datenaustausch über den Betrieb hinaus zu Kunden und Lieferanten ist über das Internet möglich.

---

4 **Erklären Sie den Begriff „Multimedia".**

Man versteht darunter die Verbindung der technischen Möglichkeiten von Telekommunikation, Fernsehen und Computer.
Texte, Bilder, Worte, Filme können zusammengestellt, abgerufen, bearbeitet und in Sekundenschnelle um die Welt geschickt werden.

---

5 **Geben Sie vier Bereiche mit je zwei Beispielen an, in denen Multimedia stattfindet.**

a) **Freizeit:** interaktives Fernsehen, CD, DVD

b) **Beruf:** Telearbeitsplätze, Lernsysteme

c) **Service:** Internetbanking, Porto über das Handy kaufen (Briefmarken)

d) **Verkehr:** Mobilfunk, Navigationssysteme. Mit dem Online-Pilot kommt das Internet ins Auto.

e) **Kommunikation:** E-Mail, Videokonferenzen, MMS

---

6 **Welche technischen Voraussetzungen sind notwendig um ins Internet zu gelangen?**

Man benötigt einen PC mit Modem oder ISDN-Karte. Über die Telefonleitung wird die Verbindung zu einem Provider (Vermittler) hergestellt, der den Zugang zum Internet freischaltet, z. B. AOL, T-online, freenet.

---

7 **Erläutern Sie folgende Abkürzung: www.**

World wide web = ist ein Teil des weltweiten Internets, in dem Informationen auf sogenannten Web-Seiten präsentiert werden.

8 Zählen Sie private Anwendungsmöglichkeiten des Internets auf.

- E-Mail (elektronische Post) verschicken
- Chatten (plaudern über die Tastatur)
- Erstellung einer Homepage (Internet-seite mit eigenen Informationen)
- Homeshopping (Einkaufen daheim am PC)
- Internetbanking
- Günstiger telefonieren über Einwahl zum Ortstarif
- Informationen beschaffen, z. B. verschiedene Lexika, Routenplaner

9 Erklären Sie den Begriff „E-Mail".

E-Mail ist die Abkürzung für electronic mail (elektronische Post), eine Nachricht, die über das Internet oder ein Firmennetzwerk befördert wird.

10 Mit dem Internet lassen sich nicht nur Minuten, sondern auch Kilometer sparen.
Was könnte damit gemeint sein?

a) Viele behördliche Formulare wie Kindergeldanträge, Anmeldeformulare lassen sich über das Internet downloaden (herunterladen), der Weg zum Amt kann gespart werden.

b) Einkäufe können über das Internet getätigt werden, der Lieferservice erspart eigene Wege.

c) Per E-Mail können auch umfangreiche Dokumente versendet werden, der Gang zur Post entfällt.

11 Vor dem Hintergrund der Ausweitung von Internet und neuen Kommunikationsmitteln wird die heutige Gesellschaft auch als Informationsgesellschaft bezeichnet.
a) Erläutern Sie den Begriff „Informationsgesellschaft".
b) Beschreiben Sie zwei positive und zwei negative Auswirkungen für den Einzelnen.

a) Informationsbeschaffung und -verarbeitung wird immer bedeutungsvoller. Es gibt in der Informationsgesellschaft keine Grenzen mehr. Firmen, Institutionen und Menschen auf der ganzen Welt können miteinander kommunizieren und Informationen anbieten. So ist man z. B. über das Handy rund um die Uhr erreichbar und kann über einen Internetanschluss auch von zu Hause aus arbeiten.

→

▷ *Fortsetzung der Antwort* ▷

Positive Auswirkungen:
– Als Verbraucher kann man eine Vielzahl von Angeboten einholen und vergleichen.
– Man ist nicht mehr auf seinen regionalen Lebensbereich beschränkt.

Negative Auswirkungen:
– Es wird immer schwieriger, die Informationsflut zu bewältigen.
– Der Datenschutz wird immer schwieriger.

12 Welche negativen Auswirkungen können sich durch die Internetnutzung ergeben?

a) Dem Nutzer können dafür hohe Kosten entstehen.

b) Kinder und Jugendliche können Zugang zu jugendgefährdenden Seiten erhalten.

c) Soziale Kontakte können verloren gehen.

d) Das Surfen im Internet kann zur Sucht werden.

e) Der Blick für die reale Welt kann verloren gehen.

f) Datenmissbrauch

13 Welches Gesetz muss beim Umgang mit personenbezogenen Daten beachtet werden?

Bundesdatenschutzgesetz

14 Welche wichtigen Bestimmungen enthält das Bundesdatenschutzgesetz?

a) Daten dürfen nur mit Zustimmung der betroffenen Personen gespeichert werden.

b) Geschützte personenbezogene Daten dürfen nur zur rechtmäßigen Aufgabenerfüllung verwendet werden.

c) Betroffene Personen haben das Recht, ihre gespeicherten Daten zu erfahren und sie gegebenenfalls berichtigen zu lassen.

|15| In vielen Berufen haben neue Medien und Technologien die Berufsbilder verändert.

Zeigen Sie an einem Beruf auf, wie sich dieser durch den Einsatz neuer Technologien verändert hat.

Beispiel Bäcker:

Früher wurden die Teige von Hand hergestellt und aufgearbeitet.
Heute gibt es Teigbereitungsmaschinen und Teigverarbeitungsmaschinen (z. B. Brezelschlingmaschine). Vollautomatische Backstraßen erleichtern die Arbeit. Zutaten für Teige werden von Silos über Computerprogramme abgerufen und vollautomatisch zusammengestellt.

|16| Erläutern Sie am Beispiel der Automobilindustrie, wie neue Technologien Veränderungen am Arbeitsplatz bewirkt haben.

Daimler und Benz haben ihr erstes Auto noch selbst hergestellt. Mit der industriellen Revolution wurde die Arbeitsteilung eingeführt. Henry Ford erfand das Fließband, das schließlich zur Produktivitätssteigerung und Massenproduktion führte. Durch die Revolution in der Mikroelektronik ist es mittlerweile möglich, Produkte fast ohne menschliche Beteiligung herzustellen. So gibt es in der Automobilindustrie teilweise fast menschenleere Produktionshallen.

|17| Nennen Sie zwei Gründe für die rasante Zunahme von Industrierobotern.

a) Industrieroboter übernehmen beispielsweise in der Automobilindustrie schwere körperliche und gesundheitsgefährdende Arbeiten.

b) Sie können z. B. montieren, schweißen, lackieren, messen oder prüfen, mit einer Genauigkeit und Schnelligkeit, die der Mensch nie erreicht. Die Folge: Erhöhung der Stückzahlen, weniger Ausschuss, Kostensenkung

|18| Geben Sie Beispiele für neue Techniken, die heute im Büro und bei der Kommunikation eingesetzt werden können.

– Personalcomputer
– Textverarbeitungsprogramme
– Kopiergeräte
– Scanner
– Fernkopierer (Telefax)
– E-Mail
– Videotext
– Satellitenkommunikation
– Internetkommunikation

19 Geben Sie zwei Beispiele für den Einsatz neuer Technologien im Dienstleistungsbereich.

– Im Einzelhandel werden durch Computer Lagerbestände verwaltet.
– Scannerkassen vermeiden Tippfehler.
– Frisurencomputer beim Friseur zeigen am Bildschirm mögliche neue Frisuren der Kunden.

20 Geben Sie vier Beispiele dafür, wo neue Technologien in unserem Alltag anzutreffen sind.

– elektronische Wegfahrsperre am Auto
– Airbag
– Electronic cash
– Geldkarte
– Telefonkarte
– Infrarotfernbedienungen für technische Geräte
– digitale Steuerungselektronik in Haushaltsgeräten

21 Zeigen Sie an zwei Beispielen wie neue Technologien folgende Bereiche verändert haben:
a) die Medizin,
b) die Umwelt.

a) – Die Kernspintomographie liefert Bilder vom Innern des Menschen (Schichtaufnahmen).
– Mikrosonden suchen Defekte im Körperinneren.
– Mithilfe von Elektronenrastermikroskopen werden Operationen durchgeführt.
b) – Erzeugung von Energie durch Windkraft
– Solartechnik
– neue Verfahren zum Recycling von Kunststoffen

22 In der Öffentlichkeit wird Gentechnik im Nahrungsmittelbereich weitgehend abgelehnt, im medizinischen Bereich aber überwiegend befürwortet.

Ist dies ein Widerspruch?

Im Nahrungsmittelbereich werden gesundheitlich schädliche Wirkungen durch gentechnisch veränderte Lebensmittel nicht ausgeschlossen. Durch die Entschlüsselung des Erbgutes dagegen erhofft man sich eine Zukunft ohne Krankheiten. Somit ergibt sich hier kein Widerspruch.

23 **Erklären Sie den Begriff „Telearbeit".**

Viele Arbeiten werden heute nicht mehr im Büro, sondern am PC zu Hause erledigt, denn per Datenleitung können Informationen ausgetauscht, Termine geklärt werden usw. Beispiele:
– Außendienstmitarbeiter, Bürofachkräfte können Schreibarbeiten auch daheim erledigen.
– Journalisten können ihre Beiträge auch zu Hause verfassen und übermitteln.

24 **Beschreiben Sie zwei Vorteile und zwei Nachteile, die mit der Einrichtung von Telearbeitsplätzen verbunden sind.**

Vorteile:
– Wohn- und Arbeitswelt rückt wieder enger zusammen.
– Viele unnötige Fahrten mit Auto oder öffentlichen Verkehrsmitteln entfallen.
– Die Unternehmen haben geringere Kosten für die Einrichtung dieser Arbeitsplätze.

Nachteile:
– Arbeitsrechtliche und soziale Probleme entstehen, hier müssen Tarifparteien Lösungen finden.
– Unternehmer befürchten, dass sie die Kontrolle über die Beschäftigten verlieren, wenn diese vorwiegend außerhalb des Betriebes arbeiten.

25 **Viele Unternehmen versuchen, durch neue Formen der Arbeitsorganisation die Produktivität zu erhöhen, um konkurrenzfähig zu bleiben.**

Erklären Sie in diesem Zusammenhang, was man unter „Lean production" (schlanke Produktion) versteht.

Bei der **Lean production** werden Produktionsprozesse nicht mehr in einzelne Arbeitsgänge aufgeteilt, sondern Gruppen planen und erstellen größere Produktionseinheiten gemeinsam. Verantwortung wird an das Team abgegeben, um dadurch eine fehlerlose Produktion zu erhalten. Die Verringerung der Entscheidungsebenen stärkt die Verantwortung der Gruppe. Aus Mitarbeitern werden Mitgestalter. Die Folge: eine enorme Kostenersparnis.

26 Um international wettbewerbsfähig zu sein, müssen teure Maschinen möglichst rund um die Uhr eingesetzt werden. Gleichzeitig sollen flexible Arbeitszeiten den Einsatz der Arbeitskräfte je nach Auftragslage steuern.

Geben Sie hierzu vier Beispiele.

Neue Formen der Arbeitszeit sind
– Wochenendarbeit
– Gleitzeit
– Teilzeitarbeit
– Arbeitszeitkonten
– Telearbeit

27 Welche Auswirkungen hat der Einsatz neuer Technologien für den Arbeitsmarkt?

– Höhere Arbeitslosigkeit, da niedrig qualifizierte Arbeitsplätze wegfallen.
– Die Nachfrage nach qualifizierten Arbeitskräften (Fachkräften) nimmt zu.
– Von Arbeitnehmern wird Mobilität und Weiterbildung erwartet.

28 Erklären Sie die Begriffe
a) strukturelle Arbeitslosigkeit
b) konjunkturelle Arbeitslosigkeit
c) saisonale Arbeitslosigkeit.

a) **Strukturelle Arbeitslosigkeit:**
= Arbeitslosigkeit aufgrund von Strukturveränderungen in der Wirtschaft. Zum Beispiel: Änderung der Nachfragestruktur (Kauf von Motorrädern statt Fahrrädern). Änderung der Produktionsstruktur (Rationalisierung).

b) **Konjunkturelle Arbeitslosigkeit:**
= Arbeitslosigkeit aufgrund einer schlechten gesamtwirtschaftlichen Lage (anhaltende Rezession).

c) **Saisonale Arbeitslosigkeit:**
= Manche Berufe können in bestimmten Jahreszeiten nur eingeschränkt ausgeübt werden, z. B. Maurer, Kellner usw.

29 Welche Gruppen der Bevölkerung werden am häufigsten von Arbeitslosigkeit betroffen?

Nennen Sie drei Beispiele.

a) Arbeitskräfte ohne Ausbildung
b) Behinderte
c) Arbeitskräfte in strukturschwachen Regionen
d) Teilzeitarbeitskräfte

30 Nennen Sie zwei Wirtschafts- bzw. Industriebereiche, bei denen in den vergangenen Jahren die Zahl der Beschäftigten stark abgenommen hat.

a) Landwirtschaft
b) Bergbau
c) Stahlindustrie
d) Textilindustrie

31 Welche Vorbeugungsmaßnahmen sollten Sie gegen eine mögliche eigene Arbeitslosigkeit ergreifen?

Überlegen Sie sich drei Maßnahmen.

a) Berufsausbildung erfolgreich abschließen
b) Bereitschaft zur Weiterbildung zeigen
c) zur Umschulung bereit sein
d) mobil sein bezüglich Arbeitsstelle und Wohnort

32 In welchen Wirtschafts- bzw. Industriebereichen hat in den vergangenen Jahren die Zahl der Beschäftigten stark zugenommen?

Nennen Sie zwei Beispiele.

a) Dienstleistungsbereich
b) Elektro- und Elektronikindustrie
c) Computerindustrie
d) Chemische Industrie

33 Wie kann ein Arbeitnehmer auf erhöhte bzw. andere Arbeitsplatzanforderungen reagieren?

Nennen Sie zwei Möglichkeiten.

a) Bereitschaft zur Weiterbildung
b) Bereitschaft zur Umschulung
c) erhöhte Berufsqualifikation durch bessere Ausbildung
d) berufliche Mobilität

34 Welche Probleme entstehen durch die Arbeitslosigkeit für

a) den einzelnen Menschen und
b) für die Bundesrepublik Deutschland?

Nennen Sie jeweils zwei Probleme.

a) Probleme einzelner Menschen:
   – geringeres Einkommen (Arbeitslosengeld I oder II)
   – psychische Belastungen (Gefühl der Nutzlosigkeit usw.)
   – Probleme im sozialen Umfeld

→

▷ *Fortsetzung der Antwort* ▷

b) Probleme für die Bundesrepublik Deutschland:
- Einnahmeneinbußen bei Steuern und Sozialversicherung
- Ausgaben für Arbeitslosengeld I und II
- erhöhte Ausgaben für Umschulungen, Arbeitsbeschaffungsmaßnahmen usw.

---

35 **Häufig wird als Hauptursache für Arbeitslosigkeit die steigende Automatisierung angesehen.**

Erklären Sie den Begriff Automatisierung.

Automatisierung:
= Güter werden selbstständig von Maschinen produziert, die von Maschinen gesteuert werden. Der Mensch überwacht nur noch.

---

36 **Welche drei Sektoren der Wirtschaft (Wirtschaftsbereiche) werden üblicherweise unterschieden?**

Nennen Sie für jeden Sektor zwei Beispiele.

a) **Primärer Sektor**
(landwirtschaftliche Produktion), z. B.:
- Landwirtschaft
- Forstwirtschaft
- Fischerei

b) **Sekundärer Sektor**
(industrielle Produktion), z. B.:
- Warenproduktion
- Energiewirtschaft
- Bauwirtschaft

c) **Tertiärer Sektor,** z. B.:
- Handel, Banken, Versicherungen
- Gaststätten, Friseurhandwerk
- Gesundheitswesen, Schulen

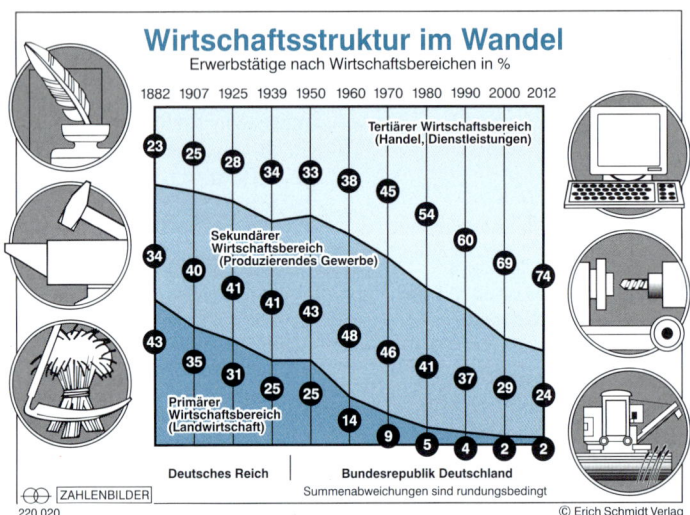

Wirtschaftsstruktur im Wandel
Erwerbstätige nach Wirtschaftsbereichen in %

1882 1907 1925 1939 1950 1960 1970 1980 1990 2000 2012

Tertiärer Wirtschaftsbereich (Handel, Dienstleistungen)

Sekundärer Wirtschaftsbereich (Produzierendes Gewerbe)

Primärer Wirtschaftsbereich (Landwirtschaft)

Deutsches Reich | Bundesrepublik Deutschland
Summenabweichungen sind rundungsbedingt

ZAHLENBILDER
220 020
© Erich Schmidt Verlag

37 Das oben abgebildete Schaubild zeigt die Entwicklung der drei Wirtschaftsbereiche (primärer, sekundärer und tertiärer Sektor) ab 1882.

Welche Entwicklung der drei Wirtschaftsbereiche kann man aus dem Schaubild ablesen?

a) **Primärer Sektor:**
Die Produktivität ist in diesem Bereich so stark gestiegen, dass heute 2 % der Erwerbstätigen die gesamte Bevölkerung mit Nahrungsmitteln versorgen können.

b) **Sekundärer Sektor:**
Nach einem stetigen Anstieg der Erwerbstätigen in diesem Bereich wurde 1960 mit 48 % ein Höhepunkt erreicht. Seither sinkt die Zahl der Erwerbstätigen, trotz steigender Produktivität durch den zunehmenden Einsatz der Mikroelektronik sowie die Verlagerung der Produktion in Länder mit geringeren Arbeitskosten.

c) **Tertiärer Sektor:**
Der allgemeine Anstieg der Beschäftigten dieses Bereichs ist ungebrochen und wird sich noch steigern. Wir sind auf dem Weg zur ausgeprägten Dienstleistungsgesellschaft.

38 Der technologische und ökonomische Wandel unserer Zeit führt zu gesellschaftlichen (sozialen) Veränderungen.

Was versteht man in diesem Zusammenhang unter sozialer Mobilität (Beweglichkeit)?

Unter sozialer Mobilität versteht man entweder

a) den Auf- bzw. Abstieg zwischen **verschiedenen** sozialen Schichten; z. B.: ein Zahnarztsohn wird Maurer oder eine Arbeitertochter wird Lehrerin;

oder

b) den Berufswechsel innerhalb **einer** sozialen Schicht; z. B.: ein Textilfacharbeiter wird zum Metallfacharbeiter umgeschult.

39 Erklären Sie den Begriff „offene Gesellschaft".

Offene Gesellschaft:
= Gesellschaft, die ihren Bürgern **soziale Mobilität** ermöglicht bzw. abverlangt.

40 Welche Mobilitätsarten liegen in folgenden Fällen vor?

a) Herr Müller wird vom Drucker zum Krankenpfleger umgeschult.

b) Familie Hansen zieht von Rostock nach Stuttgart um.

c) Frau Dürr wechselt als Bankkauffrau von der A-Bank zur B-Bank.

a) Berufsmobilität
b) Wohnortmobilität
c) Arbeitsplatzmobilität

41 Erklären Sie an zwei Beispielen, was man unter „Globalisierung" verstehen kann.

Unter **Globalisierung** versteht man die weltweite Verflechtung im wirtschaftlichen, ökologischen und kulturellen Bereich.
– In der *Wirtschaft* versteht man darunter das weltweite Zusammenwachsen der Märkte durch die Ausweitung des internationalen Handels, der internationalen Finanzströme sowie der Investitionen im Ausland.　→

▷ *Fortsetzung der Antwort* ▷

Dies führt zu internationaler Arbeitsteilung innerhalb von Unternehmen bei Forschung, Entwicklung, Produktion, Werbung und Vertrieb.

– Im *ökologischen Bereich* machen Luftverschmutzung (z. B. CO_2), Strahlenbelastung (z. B. Ozonloch), Gewässerverunreinigung sowie Treibhausgase vor Staatsgrenzen keinen Halt.
Auf internationalen Konferenzen versucht man hier Lösungen zu finden, um beispielsweise die Treibhausgase zu reduzieren.

Spannungsfeld Ökologie – Ökonomie

1️⃣ Welche Bereiche unseres Lebensraumes unterliegen einer starken Umweltgefährdung?

Unter Umweltgefährdung versteht man die Beeinträchtigung des natürlichen Lebensraumes von Menschen, Tieren und Pflanzen, also von
a) **Luft**,
b) **Wasser** und
c) **Boden**.

2️⃣ Wer verschmutzt die Umwelt?

Nennen Sie drei Umweltverschmutzer.

a) Produktionsanlagen der Industrie
b) Kraftverkehr
c) private Haushalte
d) Kraftwerke
e) Flugzeuge

3️⃣ Wodurch wird die Umwelt belastet?

Nennen Sie drei Beispiele.

a) Luftverschmutzung
b) Wasserverschmutzung
c) saurer Regen
d) Waldsterben
e) Bodenverlust

4 **Wodurch wird die Umwelt zunehmend gefährdet und verschmutzt?**
Nennen Sie drei Beispiele.

a) Bevölkerungswachstum
b) hoher Bodenverbrauch
c) steigender Lebensstandard
d) hoher Verpackungsaufwand

5 **Nennen Sie zwei Schäden, die auf mehrfache Weise die Umwelt gefährden.**

a) Luftverschmutzung → saurer Regen → Waldsterben, Ozonloch, Treibhauseffekt
b) Nitratüberdüngung der Felder → Belastung der Gewässer → Sauerstoffarmut → Fischsterben, übermäßiges Algenwachstum

6 **Nennen Sie die Hauptgründe, warum die Industrie dem Umweltschutz lange Zeit zu wenig Beachtung geschenkt hat.**

a) Maßnahmen für den Umweltschutz erhöhen die Produktionskosten und schmälern die Gewinne der Unternehmer.
b) Verbraucher sind daran interessiert, möglichst kostengünstig einzukaufen.
c) Erst in den letzten Jahren wurden zahlreiche Gesetze und Verordnungen zum Schutz der Umwelt erlassen, bzw. verschärft.

7 **Das Bundesimmissionsschutzgesetz unterscheidet**
a) Immissionen und
b) Emissionen.
Erklären Sie diese Begriffe.

a) **Immissionen:**
= auf Menschen, Tiere und Pflanzen einwirkende
– Luftverunreinigungen
– Geräusche
– Erschütterungen
– Licht
– Wärme
– Strahlen u. Ä.
b) **Emissionen:**
= die von einer Anlage ausgehenden
– Luftverunreinigungen
– Geräusche
– Erschütterungen
– Licht
– Wärme
– Strahlen u. Ä.

8 Welches Ziel verfolgt der Umweltschutz?

Durch Maßnahmen des Umweltschutzes sollen Menschen, Tiere und Pflanzen vor übergroßer Belastung durch Emissionen*) geschützt werden.

---

*) Bundesimmissionsschutzgesetz vom 15. März 1974, § 3, Abs. 3

9 Zeigen Sie an zwei Beispielen auf, welche Kosten durch Umweltschäden entstehen können.

a) Abholzen der Wälder, um neue Skigebiete zu erschließen, führt zu Bodenerosion und Erdrutschen mit katastrophalen Folgen für ganze Dörfer.

b) Abgase in der Luft tragen u. a. zu Atemwegserkrankungen bei. Hier entstehen Kosten für die Krankenkassen.

10 Umweltschutzauflagen führen oft zu technologischen Neuerungen.

Zeigen Sie dies an zwei Beispielen.

a) Die Automobilindustrie hat Motoren entwickelt, die immer weniger Energie verbrauchen.

b) Eine ähnliche Entwicklung finden wir bei Heizungsanlagen.

11 Umweltschutz schafft auch Arbeitsplätze durch

a) neue Produkte und
b) Dienstleistungen.

Nennen Sie je drei Beispiele.

a) – Katalysatoren
– Luftfilter
– Solaranlagen
– Messgeräte
– Hybridantriebe

b) – Bodensanierungen
– Recyclingfirmen
– Emissionsmessungen bei Heizungsanlagen durch Schornsteinfeger
– Arbeitsplätze in Forschung und Entwicklung

12 Wenn wir Umweltschutz ernst nehmen, müssen wir bei uns selbst beginnen.

Geben Sie sechs Beispiele aus Ihrem persönlichen Bereich, wie Sie zum Umweltschutz beitragen können.

– öffentliche Verkehrsmittel benutzen oder Fahrgemeinschaften bilden
– beim Einkauf auf Müllvermeidung achten (z. B. Pfandflaschen)
– umweltschonende Produkte (Öko-Produkte) einkaufen
– bei Haushaltschemikalien auf Umweltfreundlichkeit achten
– Müll sachgerecht trennen
– Energie und Wasser sparen

13 Welche Produkte dürfen mit dem nachfolgend abgebildeten Zeichen gekennzeichnet werden und wie wird dieses Zeichen genannt?

Besonders umweltfreundliche Produkte dürfen mit dem **Umweltzeichen** („Blauer Engel") gekennzeichnet werden. Das Umweltzeichen wird von einer unabhängigen Kommission verliehen.

14 Wie leistet der Staat seinen Beitrag zum Umweltschutz?

– Gesetze zur Müllvermeidung, Recycling (Duales System)
– Schadstoffe verbieten bzw. ihre Verwendung einschränken (EURO-Normen bei Abgaswerten)
– Transporte von der Straße auf die Schiene verlagern (Abgaben für den Schwerlastverkehr)
– Einführung der Ökosteuer

15 Nennen Sie drei Gesetze, die unsere Umwelt schützen sollen.

a) Bundesimmissionsschutzgesetz
b) Gesetz zum Schutz gegen Fluglärm
c) Abfallbeseitigungsgesetz
d) Abwasserabgabengesetz

16 Mit welchen Maßnahmen kann der Staat die Umwelt schützen?

Nennen Sie drei Maßnahmen.

a) Bestrafung umweltschädlichen Verhaltens
b) staatliche Fördermittel für umweltgerechte Investitionen
c) steuerliche Anreize für umweltfreundliches Verhalten

17 Welche Strafen sollen Umweltverschmutzung verhindern?

Nennen Sie zwei Beispiele.

a) Bußgeld
b) Geldstrafe
c) Freiheitsstrafe

18 **Nennen Sie drei Beispiele für die Gefährdung der Umwelt durch die moderne Industriegesellschaft.**

a) Nitratbelastung des Grundwassers und der Flüsse durch die Überdüngung in der Landwirtschaft

b) Reaktorkatastrophen wie in Fukushima durch nicht mehr beherrschbare Technik

c) Treibhauseffekt durch Abgase von Industrie, Flugzeugen, Autos, Kraftwerken, Heizanlagen usw.

19 **Können wir uns Wirtschaftswachstum unter Umweltgesichtspunkten überhaupt noch leisten?**

Nennen Sie jeweils zwei Gründe, die

a) **für und**
b) **gegen**

ein eingeschränktes Wirtschaftswachstum sprechen.

a) **Gründe für eingeschränktes Wirtschaftswachstum** sind zum Beispiel:
– Schonung der Umwelt
– Solidarität mit den Entwicklungsländern
– Besinnung auf Bedürfnisse, die die Umwelt nicht belasten

b) **Gründe gegen eingeschränktes Wirtschaftswachstum** sind zum Beispiel:
– steigende Arbeitslosigkeit
– sinkender Lebensstandard
– sinkende wirtschaftliche und politische Bedeutung des Landes
– verringerte Möglichkeit zur Durchführung von Umweltschutzmaßnahmen

20 **Warum sind wir auf weltweiten Umweltschutz angewiesen?**

Nennen Sie zwei Gründe.

a) Umweltschädigungen wie z. B. Ozonloch, Klimaveränderungen, saurer Regen usw. wirken sich grenzübergreifend bzw. weltweit aus.

b) Bei unterschiedlich strengen Umweltschutzauflagen besteht die Gefahr der **Produktionsverlagerung** in Länder mit weniger strengen Umweltschutzauflagen.

21 **Inwieweit läuft die Globalisierung der Wirtschaft dem Umweltschutzgedanken zuwider? Geben Sie zwei Beispiele.**

– Einzelteile für die Herstellung eines Produktes werden oft Tausende von Kilometern aus anderen Ländern importiert.
– Ferntourismus nimmt ständig zu.

Soziale Sicherheit – Grenzen des Sozialstaates

1 Auszug aus dem Grundgesetz:

Das Sozialstaatsprinzip

> Artikel 20, Absatz 1:
> „Die Bundesrepublik Deutschland ist ein demokratischer und sozialer Bundesstaat."

Welches Prinzip unseres Staates ist in dem oben zitierten Artikel des Grundgesetzes enthalten?

2 Erklären Sie den Begriff Sozialpolitik.

Sozialpolitik:
= alle Maßnahmen des Staates, die den Bürger gegen Not und Mangellagen schützen sollen.

3 Nennen Sie die drei Grundprinzipien sozialer Sicherung.

Grundprinzipien sozialer Sicherung:
a) Versicherungsprinzip
b) Versorgungsprinzip
c) Fürsorgeprinzip

4 Einen modernen Sozialstaat wie die Bundesrepublik erkennt man an seinem gut ausgebauten Sozialnetz.

Zählen Sie drei wichtige Bestandteile des sozialen Netzes auf.

a) **Gesetzliche Sozialversicherungen:**
   (Kranken-, Renten-, Arbeitslosen-, Pflege-, Unfallversicherung)
b) **Soziale Förderung:**
   Anspruch auf soziale Sicherheit, finanziert aus Steuermitteln, z. B. Kindergeld, Wohngeld, BAföG
c) **Soziale Versorgung:**
   Unterstützung bei Bedürftigkeit, z. B. Arbeitslosengeld II, Sozialgeld
d) **Berücksichtigung sozialer Aspekte bei der Gesetzgebung**
   – Lohnfortzahlungsgesetz
   – Mutterschutzgesetz
   – Kündigungsschutzgesetz usw.

5 Wie werden die Sozialleistungen finanziert?

a) **Pflichtbeiträge** von Arbeitgebern und
Arbeitnehmern zur Sozialversicherung

b) **Direktzahlungen** der Arbeitgeber
(Lohnfortzahlung, Urlaubsgeld)

c) **Steuergelder**

6 Im Zusammenhang mit
der Rentenversicherung ist
immer wieder vom „Genera-
tionenvertrag" die Rede.

a) **Erläutern Sie diesen Begriff.**

b) **Welche Probleme sehen Sie
in diesem Zusammenhang?**

c) **Machen Sie mindestens drei
Lösungsvorschläge.**

a) Die Beiträge der jeweils arbeitenden
Generation ermöglichen die Renten
der im Ruhestand befindlichen Generation.

b) Die arbeitende Bevölkerung wird
immer geringer, während die Zahl
der Rentner immer weiter zunimmt,
d. h. immer weniger Arbeitnehmer
müssen immer mehr Renten finanzieren.

c) *Lösungsmöglichkeiten:*
   – Erhöhung der Beiträge
   – Absenkung des Rentenniveaus
   – höhere Eigenvorsorge
   – Verlängerung der Lebensarbeitszeit
   – höhere Staatszuschüsse
   – staatliche Familienförderung zur
     Hebung der Geburtenzahl
   – Teilrenten (Altersteilzeit)

7 Welches Ziel verfolgt die
Bundesregierung mit der Ren-
tenreform?

– sichere Renten für die ältere Generation
– bezahlbare Rentenbeiträge für die
  jüngere Generation

8 Weshalb kann es sinnvoll
sein, für die Alterssicherung
auch private Vorsorge zu treffen?

– Seit 2002 gibt es eine staatlich geförderte Zusatzrente. Um in den Genuss
  der staatlichen Förderung zu kommen,
  müssen bestimmte Eigensparleistun-
  gen erbracht werden. Mit diesen
  Beiträgen wird eine kapitalgedeckte
  Eigenvorsorge aufgebaut.

– Die gesetzliche Rentenversicherung
  wird in Zukunft als Alterssicherung
  nicht mehr ausreichen.

9 Zahlreiche Risiken des täglichen Lebens können durch Privatversicherungen abgedeckt werden.

Zählen Sie fünf private Versicherungen auf.

a) Lebensversicherung
b) Haftpflichtversicherung
c) private Unfallversicherung
d) Hausratversicherung
e) Berufsunfähigkeitsversicherung
f) Rechtsschutzversicherung
g) private Krankenversicherung

10 Wodurch unterstützt der Staat die Vermögensbildung der Arbeitnehmer?

Förderung der Vermögensbildung
z. B. durch:
a) Sparförderung
b) Steuererleichterungen für Personen, die Wohneigentum erwerben
c) Bausparförderung

11 Ähnliche Probleme wie in der Rentenversicherung gibt es auch in den anderen Zweigen der Sozialversicherung. Zählen Sie drei Gründe auf, die Kostensteigerungen der Krankenversicherungen verursachen.

– steigender Anteil älterer Menschen, die mehr medizinische Versorgung benötigen
– verbesserte Leistungen
– steigende Versorgungsqualität
– Anwendung teurer, hochtechnischer Apparate
– Leistungsmissbrauch

12 Nennen Sie drei Möglichkeiten, wie Sie selbst zur Kostensenkung im Gesundheitswesen beitragen können.

– gesunde Lebensweise
– Vorsorgemaßnahmen nutzen
– nicht „krankfeiern"
– eigene Anspruchshaltung prüfen

13 Nehmen Sie Stellung zu der Forderung nach einer Zusatzkrankenversicherung für sogenannte Risikogruppen (Extremsportler, Raucher usw.)

a) Positiv:
– Entlastung der Beitragszahler
– Senkung der Beiträge zur Krankenversicherung
– Entlastung der Arbeitgeber
b) Negativ:
– manche Sportarten könnte man sich vielleicht nicht mehr leisten
– Steuerausfälle durch mehr Nichtraucher
– Frage der Kontrollierbarkeit

14 Welche Probleme kann ein stark ausgebautes soziales Netz mit sich bringen?

– verführt zu Bequemlichkeit
– egoistisches Ausnutzen
– die Ehrlichen leiden darunter
– hohe Kosten

15 Welche unterschiedlichen Vorstellungen haben Arbeitgeber und Gewerkschaften, die Schwierigkeiten des Sozialstaates zu lösen?

Arbeitgeber:
– Kürzung der sozialen Leistungen zur Verbesserung der Wettbewerbsfähigkeit der Wirtschaft
– Einfrierung der Arbeitgeberbeiträge zur Krankenversicherung
– stärkere Eigenvorsorge der Bürger

Gewerkschaften:
– Schaffung von Arbeitsplätzen und damit eine Erhöhung der Beitragseinnahmen der Sozialversicherungszweige
– stärkere Belastung der besser Verdienenden
– Bekämpfung der Steuerhinterziehung
– Bekämpfung der Schwarzarbeit

16 Welche Unterstützung erhält ein Arbeitnehmer, der nach einem Jahr Arbeitslosigkeit kein Arbeitslosengeld I mehr bekommt?

Arbeitslosengeld II
– erhalten erwerbsfähige Langzeitarbeitslose, die ihre Bedürftigkeit nachgewiesen haben.
– entspricht dem aktuellen Sozialgeld- bzw. Sozialhilfesatz.
– muss bei der Agentur für Arbeit beantragt werden.
– ist bei älteren Arbeitnehmern zeitlich unbegrenzt.
– wird aus Steuermitteln finanziert.

17 Wo liegen die Grenzen des Sozialstaats?
Begründen Sie Ihre Meinung.

Steigende Sozialleistungen setzen Wirtschaftswachstum voraus. Findet kein Wirtschaftswachstum statt, so sind steigende Steuern und steigende Staatsverschuldung die Folge.

18 Das soziale Netz des Staates wird in der Bundesrepublik Deutschland durch über 40 000 private soziale Einrichtungen ergänzt.
Nennen Sie fünf Beispiele.

a) Verbraucherschutzorganisationen
b) Mieterschutzvereine
c) Suchtberatungsstellen
d) Frauenhäuser
e) Krebshilfeorganisationen
f) Jugendhäuser u. v. a.

Originalprüfungsaufgaben

1 Leben in der Gesellschaft (Winter 2002/2003)

1. Wodurch ist der Strukturwandel unserer Wirtschaft gekennzeichnet (siehe M 1)?
   Nennen Sie vier Merkmale.

2. Welche Auswirkungen hat dieser Wandel auf die Berufe im produzierenden Wirtschaftssektor?
   Erklären Sie vier Auswirkungen.

3. In diesem Zusammenhang werden „Schlüsselqualifikationen" immer wichtiger (siehe M 2).
   Nennen und erläutern Sie vier dieser Qualifikationen.

4. Berufliche Mobilität wird heutzutage nicht nur zeitlich und geistig verlangt, sondern auch räumlich.
   Erläutern Sie, was dies für Sie im alltäglichen Leben bedeutet.

5. Fassen Sie die wesentlichen Aussagen der Grafik zusammen (siehe M 3).

6. Versuchen Sie eine Erklärung der Unterschiede zwischen dem West- und dem Ostteil Deutschlands (siehe M 3).

M 1

Strukturwandel und Arbeitsplätze

Grundsätzlich werden immer weniger Menschen mit der Herstellung von Waren befasst sein. Im engeren Bereich der Produktion werden mehr als eine Million Arbeitsplätze wegfallen. Hochautomatisierte, computergesteuerte Maschinenanlagen werden die Arbeitskraft des Menschen weiter ersetzen. Arbeitnehmer werden sich zunehmend mit der Planung, Vorbereitung und Organisation der Güterherstellung beschäftigen. Büroarbeitsplätze werden leicht, aber nicht so stark wie einst befürchtet, zurückgehen. Im Handel werden etwas mehr Menschen beschäftigt sein – der Renner der Zukunft sind aber die so genannten sekundären Dienstleistungen. Dazu zählen Forscher und Entwickler ebenso wie Organisations- und Finanzberater, Pflege- und Sicherheitsdienste. Allein im Bereich Organisation und Management werden 900 000 zusätzliche Arbeitsplätze bis zum Jahr 2010 entstehen.

Jens Brommann in DAS PARLAMENT vom 25.08.1995

Lösungen auf Seite 63

M 2

Qualifikation ist alles – aber welche?

Die Hoffnung mit einem erlernten Beruf bis zur Rente den Lebens-
unterhalt bestreiten zu können – diese Hoffnung wird sich für immer
weniger Menschen erfüllen. Der rasante technologische Wandel unserer
Industrie- und Informationsgesellschaft verlangt dem Arbeitnehmer
ständig neue Fertigkeiten und Fähigkeiten ab – letztlich die Bereitschaft,
sich laufend weiterzubilden, um veränderte Produktionsprozesse im
Betrieb meistern und neuartige Dienstleistungswünsche der Kunden
befriedigen zu können. Die persönliche wie die berufliche Bildung werden
zunehmend über die Berufschancen eines Arbeitnehmers entscheiden.

DAS PARLAMENT vom 25.08.1995

M 3

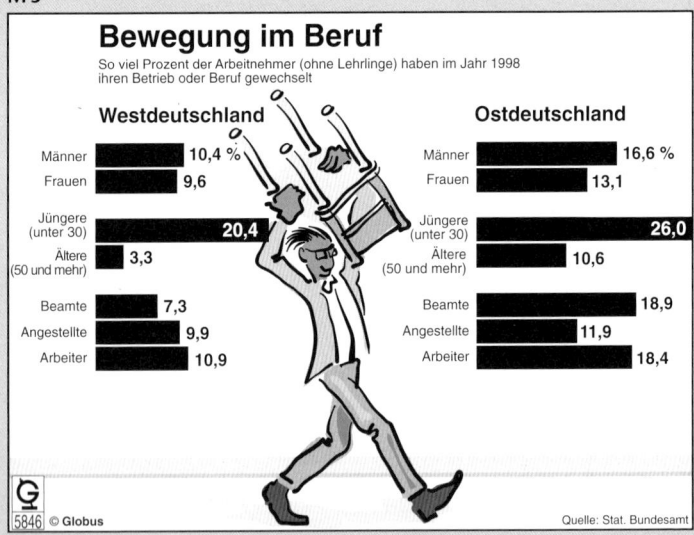

Bewegung im Beruf

So viel Prozent der Arbeitnehmer (ohne Lehrlinge) haben im Jahr 1998
ihren Betrieb oder Beruf gewechselt

Westdeutschland		Ostdeutschland	
Männer	10,4 %	Männer	16,6 %
Frauen	9,6	Frauen	13,1
Jüngere (unter 30)	20,4	Jüngere (unter 30)	26,0
Ältere (50 und mehr)	3,3	Ältere (50 und mehr)	10,6
Beamte	7,3	Beamte	18,9
Angestellte	9,9	Angestellte	11,9
Arbeiter	10,9	Arbeiter	18,4

5846 © Globus   Quelle: Stat. Bundesamt

2 Leben in der Gesellschaft (Winter 2007/08)

1. Interpretieren Sie folgende Karikatur zum Thema „Gleichberechtigung" (M 1).
2. Erläutern Sie mithilfe des Ausschnitts aus dem Bürgerlichen Gesetzbuch (BGB) die Veränderung der Rollenverteilung von Mann und Frau (M 2).
3. Beschreiben Sie ein weiteres Beispiel für die Gleichberechtigung von Mann und Frau aus dem Eherecht.
4. Trotz Bemühungen, zur Gleichberechtigung zwischen Mann und Frau zu gelangen, sind nur wenige Frauen in Führungspositionen in der Wirtschaft. Erläutern Sie dies anhand von drei Aussagen aus dem Text (M 3).
5. Wie könnte erreicht werden, dass mehr Frauen in Führungspositionen gelangen? Stellen Sie zwei Möglichkeiten dar.

M 1

Schlüssel-Frage
Jürgen Tomicek, Werl

M 2

§ 1356 in der Fassung von 1896
Die Frau ist […] berechtigt und verpflichtet, das gemeinsame Hauswesen zu leiten […].

§ 1356 in der Fassung von 1957
Die Frau führt den Haushalt in eigener Verantwortung. Sie ist berechtigt, erwerbstätig zu sein, soweit dies mit ihren Pflichten in Ehe und Familie vereinbar ist […].

§ 1356 in der Fassung von 1977
1. Die Ehegatten regeln die Haushaltsführung im gegenseitigen Einvernehmen […].
2. Beide Ehegatten sind berechtigt, erwerbstätig zu sein. Bei der Wahl und Ausübung einer Erwerbstätigkeit haben sie auf die Belange des anderen Ehegatten und der Familie die gebotene Rücksicht zu nehmen.

Quelle: Bürgerliches Gesetzbuch, in: Mitgestalten, Bildungsverlag 1, 2005

Lösungen auf Seite 64

M 3

Wenige Frauen in Führungspositionen

WIESBADEN – Frauen in Führungspositionen sind in Deutschland nach wie vor unterrepräsentiert. So waren im März 2004 von allen abhängig Beschäftigten 47 % Frauen, an den Führungskräften stellten sie aber nur einen Anteil von 33 %. Dies ist eines der Ergebnisse des Mikrozensus 2004, die Johann Hahlen, Präsident des Statistischen Bundesamtes, heute in Berlin vorstellte. Der Mikrozensus ist mit rund 830.000 befragten Personen in rund 390.000 Haushalten (1 % der Bevölkerung) die größte jährliche Haushaltsbefragung Europas.

Dass Frauen in den Chefetagen eher selten sind, zeigt sich bei den „Top-Führungskräften" noch stärker. Im März 2004 stuften sich hochgerechnet 819.000 Personen als Erwerbstätige in Positionen mit umfassenden Führungsaufgaben ein. Dazu zählen z. B. Direktorinnen und Direktoren, Geschäftsführerinnen und Geschäftsführer. An dieser Gruppe hatten Frauen einen Anteil von nur 21 %. Entscheidungsträger in Unternehmen und Behörden in Deutschland sind immer noch überwiegend männlich.

Das Verhältnis zwischen weiblichen und männlichen Führungskräften fällt für die Frauen in den neuen Bundesländern deutlich günstiger aus. Dort waren im März 2004 gut 42 % der Führungskräfte weiblich, gegenüber 32 % im früheren Bundesgebiet. In Positionen mit umfassender Führungsverantwortung arbeiteten in Ostdeutschland 29 % Frauen, verglichen mit 20 % im Westen. Die Chance, Leitungsfunktionen zu übernehmen, hängt für Frauen stark von der Branche ab: Am höchsten ist sie im Dienstleistungsbereich und in der öffentlichen Verwaltung, wo 53 % bzw. 39 % der Führungskräfte Frauen sind. Im Baugewerbe sind nur 14 % aller Führungskräfte weiblich.

Quelle: Statistisches Bundesamt, 22. März 2005

---

3 **Leben in der Gesellschaft (Sommer 2008)**

1. Beschreiben Sie vier Veränderungen der Lebens- und Familienformen der erwachsenen Bevölkerung in Baden-Württemberg zwischen 1972 und 2005 (M 1).

2. In immer mehr Familien mit Kindern hat sich die Rolle des Mannes bzw. des Vaters gewandelt. Beschreiben Sie jeweils zwei Eigenschaften eines „traditionellen" Vaters und des „modernen" Typs (M 2).

3. Führen Sie drei Gründe an, warum der Vater für die Entwicklung des Kindes wichtig ist (M 2).

4. Erklären Sie das vom Bundestag beschlossene „Elterngeld" (M 2).

5. Erläutern Sie zwei Gründe, warum bis jetzt nur 5 % der Väter Elternzeit in Anspruch genommen haben.

Lösungen auf Seite 64/65

M 1

**Lebens- und Familienformen der erwachsenen Bevölkerung
in Baden-Würtemberg 1972 und 2005**

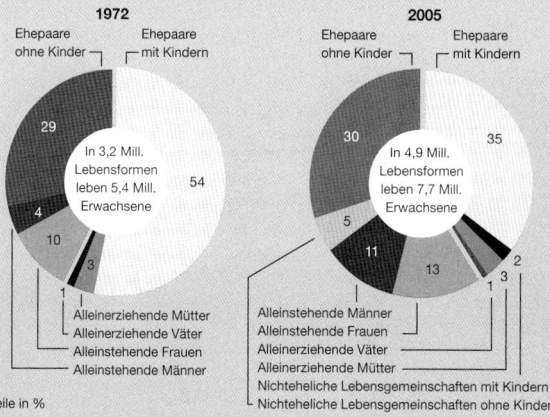

Anteile in %

*Quelle: Cornelius, Ivar: Die Bevölkerungsentwicklung in Baden-Württemberg –
Eine Herausforderung für unsere Gesellschaft, Stuttgart, 2005, S. 17*

M 2

Die „Machos" sterben langsam aus....

Zunehmend viele Männer gehen ihre Vaterrolle engagiert an, wollen keine
Statistenrolle oder nur den Ernährer spielen, sagt Väterforscher Martin
Verlinden von der Kölner Fachhochschule.

Rund 20 Prozent der Männer gehören einer repräsentativen Studie zufolge dem
„modernen" Typ an, sind erwerbsorientiert, aber auch aktiv als Vater. Weitere
20 Prozent sehen den Sinn des Lebens als „traditioneller" Typ voll in der
Erwerbsarbeit.

„Männer verlieren ihr gesamtes Netzwerk, wenn sie sich für eine Erziehungs-
zeit entschließen oder beruflich deutlich kürzer treten." Es seien mehr
Angebote „für Männer von Männern" nötig in Familienbildungsstätten,
Spielgruppen und Beratung. Für die Entwicklung des Kindes sei der Vater
wichtig, betont Verlinden. „Männer gehen ganz anders mit dem Kind um, sie
lassen es stärker in Bewegungsspiele eintreten und fördern es körperlich viel
stärker."

Eine zweite Bezugsperson gebe dem Nachwuchs eine andere Resonanz und
fördere damit dessen soziale Intelligenz. „Kinder, die von einem aktiven Vater
großgezogen wurden, haben später stabilere Partnerschaften und werden selbst
aktive Väter." Das vom Bundestag beschlossene Elterngeld ist vielleicht ein
wichtiger Schritt. Berufstätige erhalten ab 2007 ein Jahr lang 67 Prozent ihres
letzten Nettoeinkommens, ein zusätzlicher Bonus von zwei Monaten richtet
sich vor allem an Väter. In Deutschland nehmen derzeit fünf Prozent der Väter
Elternzeit.

Lösungen auf Seite 65

Ingenieur Thomas, Vater von zwei Kleinkindern, erklärt: „Für mich ist Familie das Wichtigste, aber Erziehungsurlaub kommt nicht in Frage. Ich werde schon schief angeguckt, wenn ich abends mal pünktlich Schluss machen will."
Quelle: Schwarzwälder Bote vom 14.10.2006 (gekürzt)

---

4 Leben in der Gesellschaft (Winter 2008/09)   M 1

1. Erläutern Sie die Grafik „Wandel in der Arbeitswelt" (M 1). Welche Veränderungen stellen Sie fest?

2. Nennen Sie vier Ursachen für die Veränderungen in der Arbeitswelt (M 2).

3. Verdeutlichen Sie diese Veränderungen an einem Beispiel aus Ihrem Ausbildungsberuf.

4. Welche negativen Folgen können sich durch den Strukturwandel in der Arbeitswelt ergeben?

5. Machen Sie zwei geeignete Vorschläge, was man als Arbeitnehmer tun kann, um trotz Strukturwandels seinen Arbeitsplatz zu sichern.

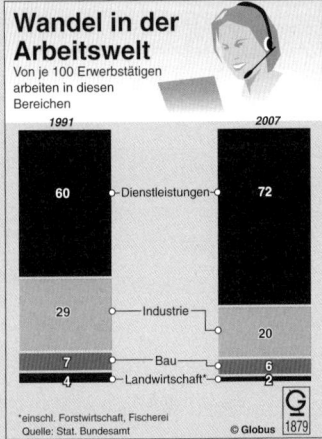

Wandel in der Arbeitswelt
Von je 100 Erwerbstätigen arbeiten in diesen Bereichen

	1991	2007
Dienstleistungen	60	72
Industrie	29	20
Bau	7	6
Landwirtschaft*	4	2

*einschl. Forstwirtschaft, Fischerei
Quelle: Stat. Bundesamt
© Globus 1879

M 2

Strukturwandel und Arbeitsmarkt

Zunächst wollen wir der Frage nachgehen, warum es überhaupt einen wirtschaftlichen Strukturwandel gibt. Als Ursache dafür wäre zum Beispiel die Veränderung der Nachfrage nach bestimmten Gütern zu nennen. Diese kann unter Umständen durch eine Verschiebung der Bevölkerungsstruktur bedingt sein. Viele Unternehmer stellen sich bereits heute auf den aktiven, anspruchsvollen Rentner als Kunden von morgen ein, um auf dem Konsumgütermarkt der Zukunft bestehen zu können. Neben den demografischen Verschiebungen können aber auch einfache Veränderungen der Konsumgewohnheiten zu Nachfrageänderungen führen.

Auch die Angebotsfaktoren können sich verändern. Wenn beispielsweise Boden, Energie und Rohstoffe knapper und teurer werden, versuchen die Unternehmen, ihre Produktionsweisen auf Energie und Rohstoff sparende Verfahren umzustellen. Dasselbe gilt für die anderen Produktionsfaktoren, Arbeit und Kapital. Verteuert sich ein Produktionsfaktor im Verhältnis zu den anderen, so wird dieser nach Möglichkeit durch einen anderen ersetzt oder „substituiert". Ein weiterer Grund für den Strukturwandel ist die internationale

Arbeitsteilung. Produktionen, die im Ausland billiger sind, werden in der Regel auch dort stattfinden, vorausgesetzt andere Randbedingungen, wie z. B. ein bestimmter Qualitätsstandard, sind erfüllt. Der internationale Wettbewerb, aber auch politische Faktoren führen zu einer immer neuen Aufteilung der weltweiten Güterproduktion. Eine besonders wichtige Komponente des Strukturwandels ist der technische Fortschritt. Besonders deutlich hat sich dies in der Vergangenheit in der Landwirtschaft und im Verkehr gezeigt, Bereiche, die von der technischen Entwicklung geradezu revolutioniert wurden. Der größte Wandel hat sich in den letzten Jahren allerdings in der Produktion und im Bürobereich vollzogen. Ursache war die Einführung moderner Informations- und Kommunikationstechniken, deren Auswirkungen sich weit über den wirtschaftlichen Bereich hinaus auf die gesamte Gesellschaft erstrecken. Eine technische Neuerung mit einer großen Anwendungsbreite und -tiefe bezeichnet man auch als Basisinnovation. Die Mikroelektronik ist solch eine Basis- innovation und insofern ein gutes Beispiel dafür, wie der wirtschaftliche Strukturwandel auch die Arbeitsplätze und die Qualifikationsanforderungen verändert. Bei den tiefgreifenden Veränderungen, die mit der Einführung der Mikroelektronik einhergehen, ist es nicht weiter verwunderlich, wenn viele Menschen befürchten, dass diese technische Revolution von einer sozialen Revolution begleitet wird. Sie haben Angst vor den nicht vorhersehbaren Folgen dieser neuen Technik, Angst vor dem Verlust ihres Arbeitsplatzes und sie befürchten, dass ihre bisherigen Berufsqualifikationen entwertet werden und sie Einkommensverluste hinnehmen müssen, begleitet von entsprechenden negativen sozialen Folgen für sich und ihre Familien…

Quelle: Kaiser, F.-J./Kaminski, H. (1999): Telekolleg II – VWL Volkswirtschaftslehre, 8. Auflage, München: TR-Verlagsunion, 106 f.

5 Leben in der Gesellschaft (Winter 2010/11)

1. Neben der gesetzlichen Rentenversicherung gibt es vier weitere Zweige des gesetzlichen Sozialversicherungssystems der Bundesrepublik Deutschland. Nennen Sie diese.

2. Erklären Sie, was im Zusammenhang mit der gesetzlichen Rentenver- sicherung unter dem sogenannten „Generationenvertrag" verstanden wird.

3. Erläutern Sie mithilfe des Schaubildes (M 1), vor welchen Problemen die gesetzliche Rentenversicherung in Deutschland steht.

4. Beschreiben und erklären Sie die Karikatur (M 2).

5. Nennen Sie zwei Möglichkeiten, wie Sie privat für das Alter vorsorgen können.

6. Wie beurteilen Sie für sich persönlich die Notwendigkeit einer zusätzlichen privaten Altersvorsorge?

Lösungen auf Seite 66/67

M 1

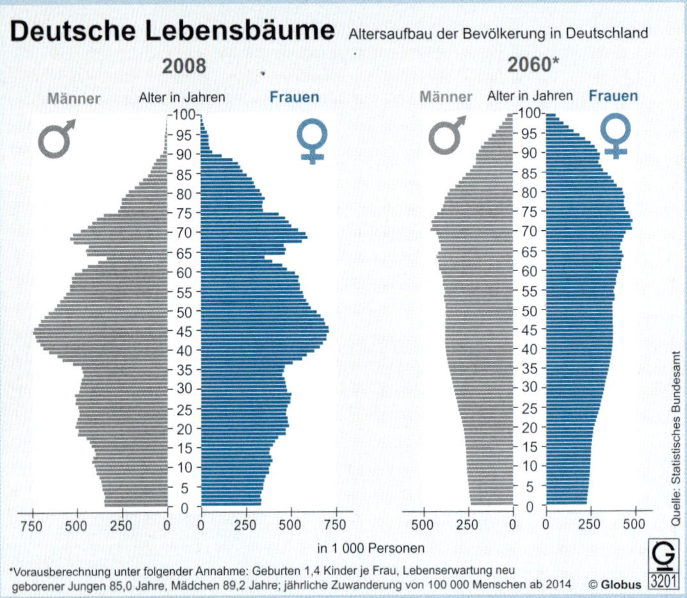

Deutsche Lebensbäume Altersaufbau der Bevölkerung in Deutschland

2008

Männer   Alter in Jahren   **Frauen**

♂   ♀

100
95
90
85
80
75
70
65
60
55
50
45
40
35
30
25
20
15
10
5
0

750   500   250   0   0   250   500   750

2060*

Männer   Alter in Jahren   **Frauen**

♂   ♀

100
95
90
85
80
75
70
65
60
55
50
45
40
35
30
25
20
15
10
5
0

500   250   0   0   250   500

in 1 000 Personen

Quelle: Statistisches Bundesamt

*Vorausberechnung unter folgender Annahme: Geburten 1,4 Kinder je Frau, Lebenserwartung neu
geborener Jungen 85,0 Jahre, Mädchen 89,2 Jahre; jährliche Zuwanderung von 100 000 Menschen ab 2014   © Globus   3201

M 2

Quelle:
*Gerhard Mester,
Wiesbaden*

Lösungen zu den Originalprüfungsaufgaben

1 Leben in der Gesellschaft (Winter 2002/2003)

1. – In der Produktion fallen immer mehr Arbeitsplätze weg.
   – Höher qualifizierte Arbeitnehmer werden bevorzugt.
   – Planung und Organisation werden immer mehr verlangt.
   – Dienstleistungen werden stärker gefragt, insbesondere Finanzberater, Sicherheitsdienste, Pflegedienste usw.

2. – Arbeitslosigkeit
   – Zwang zur Weiterbildung
   – Erwerb von Schlüsselqualifikationen
   – Umschulungsmaßnahmen sind eher erforderlich
   – die Ausbildung wird immer aufwändiger
   – gering qualifizierte Arbeitnehmer haben auf dem Arbeitsmarkt keine Chancen mehr

3. – Selbstständigkeit am Arbeitsplatz, d. h. die Fähigkeit Probleme selbst zu lösen
   – Teamfähigkeit, d. h. die Fähigkeit sich mit anderen auf gemeinsame Ziele und Arbeitsschritte zu einigen
   – Verantwortungsbewusstsein, d. h., die Belange des Betriebs als eigene Motivation in den Mittelpunkt zu rücken sowie Mitarbeiter und Untergebene mit zu beteiligen bei der Planung von Arbeitsprozessen
   – Kommunikationsfähigkeit, d. h. nicht nur erklären, sondern auch zuhören können.

4. – Schülerabhängige Antwort, die zeitliche, geistige und räumliche Mobilität berücksichtigt.

5. – Jüngere Arbeitnehmer sind besonders zum Arbeitsplatzwechsel motiviert oder gezwungen
   – Wenn es um die Wahrnehmung von Berufschancen durch Wechsel von Beruf und Betrieb geht, stehen Frauen im Westen den Männern nicht nach.
   – Ältere Arbeitnehmer sind offensichtlich weitaus weniger zum Berufswechsel gezwungen oder motiviert oder sie sind nicht so gefragt.
   – Arbeiter sind zu mehr Veränderungen gezwungen als Angestellte und Beamte (vor allem im Westen).

6. – Der Zwang zum Berufs- und Arbeitsplatzwechsel ist in den neuen Bundesländern extrem, bedingt durch den Umbau der Wirtschaft.
   – Im Osten mussten sich alle Berufsbereiche stark umstellen, auch die Beamten, die ja teilweise aus dem Westen in den Osten kamen.
   – Männer im Osten sind noch stärker zur Flexibilität gezwungen als Frauen, vermutlich weil sie häufig die Rolle des Hauptverdieners innehaben, da Frauen oft leichter entlassen werden können oder geringer verdienen.

2 Leben in der Gesellschaft (Winter 2007/08)

1. Eine Frau, die gerade mit einem schreienden Kind belastet ist, erhält zum Weltfrauentag einen Schlüssel überreicht, der ihr alle Möglichkeiten eröffnen soll. Das Problem besteht jedoch darin, dass die Tür zur Chancengleichheit weiterhin verschlossen bleibt, weil der Schlüssel nicht passt. Nur Männer haben den richtigen Schlüssel. Der Zeichner will damit andeuten, dass es in Deutschland mit der Chancengleichheit nicht weit her ist, weil sich Frauen nämlich zwischen Beruf und Familie entscheiden müssen, da sich beides nur sehr schwer miteinander vereinbaren lässt. Der Titel „Schlüssel-Frage" weist auch darauf hin, dass das Problem der Vereinbarkeit von Familie und Beruf von zentraler Bedeutung in Deutschland ist.

2. Im 19. Jahrhundert musste nur die Frau den Haushalt führen; sie war gesetzlich dazu verpflichtet.
   Erst 1957 war auch die Frau berechtigt, ebenfalls erwerbstätig zu sein, allerdings nur, wenn dies mit den Pflichten innerhalb der Ehe zu vereinbaren war. Den Haushalt sollte sie jedoch immer noch selbst regeln. Erst 1977 wird auch der Ehemann in die Führung des Haushalts mit einbezogen. Erst jetzt sind beide Ehegatten verpflichtet und berechtigt den Haushalt zu führen, wobei jeder bei der Erwerbstätigkeit auf das Wohl der Familie achten soll. Fazit: im Verlauf von 80 Jahren hat sich ein großer Wandel bei der Rollenverteilung von Mann und Frau vollzogen.

3. z. B. bei Ehenamen, Güterstand, Unterhalt oder Sorgerecht

4. – Fast die Hälfte der abhängig Beschäftigten sind Frauen, jedoch nur ein Drittel der Führungskräfte sind Frauen.
   – Bei den Top-Führungskräften wie z. B. Direktorinnen und Direktoren ist die Zahl der Frauen noch geringer.
   – Erstaunlicherweise sind in den neuen Bundesländern mehr Frauen in Führungspositionen als in den alten Bundesländern.
   – Ob die Frauen leitende Positionen innehaben, hängt auch von der Branche ab. So ist beispielsweise die Zahl im Dienstleistungsbereich mit 53 % erheblich höher als im Baugewerbe mit 14 %.

5. – Kindergartenplätze sollten kostenfrei sein.
   – Es sollte mehr Betriebskindergärten geben, um den Aufstieg für Frauen in den Betrieben zu organisieren.
   – Es sollte mehr Ganztagesbetreuung bzw. Ganztagesschulen geben, damit sich Frauen nicht zwischen Beruf und Familie entscheiden müssen.
   – Ganz allgemein: Staat und Gesellschaft müssen die Vereinbarkeit von Beruf und Familie verbessern.

– Gegenüber berufstätigen Müttern bestehen vielerorts noch gesellschaftliche Vorurteile, die abgebaut werden müssen.

3 Leben in der Gesellschaft (Sommer 2008)

1. – Die Zahl der Ehepaare mit Kindern ist stark gesunken (von 54 % auf
   35 %).
   – Neu ist: Nichteheliche Lebensgemeinschaften mit Kindern werden jetzt
   erfasst (2 %).
   – Die Anzahl alleinstehender Frauen hat sich etwas erhöht (von 10 % auf
   13 %).
   – Nichteheliche Lebensgemeinschaften ohne Kinder werden jetzt erfasst
   (5 %).
   – Die Zahl der alleinstehenden Männer hat sich fast verdreifacht (von 4 %
   auf 11 %).

2. Traditioneller Vater:
   – ist der alleinige Ernährer,
   – ist passiv bei der Erziehung,
   – hilft nicht im Haushalt mit.
   „Moderner" Typ:
   – erzieht die Kinder gemeinsam mit der Mutter,
   – übernimmt Tätigkeiten im Haushalt,
   – schafft der Ehefrau Freiräume.

3. – Männer gehen mit Kindern anders um.
   – Männer fördern das Kind körperlich stärker.
   – Männer lassen das Kind stärker in Bewegungsspiele eintreten.
   – Kinder von aktiven Vätern haben später stabilere Partnerschaften.
   – Kinder von aktiven Vätern werden später selbst aktive Väter.

4. Das Elterngeld ersetzt ab Januar 2007 das bisherige Erziehungsgeld. Es ist
   eine Lohnersatzleistung. Seine Höhe richtet sich nach dem bisherigen
   Einkommen des betreuenden Elternteils. Die Höhe des Elterngeldes beträgt
   67 % des ausfallenden Netto-Einkommens (maximal 1.800 € pro Monat).

5. – Aufgrund traditionellen Rollenverhaltens sind bis jetzt nur wenige Väter
   der „moderne" Typ.
   – Viele haben Angst vor Diskriminierung.
   – Das gesellschaftliche Ansehen von Vätern in der Elternzeit ist geringer.
   – „Abwertung" der Männlichkeit.

4 Leben in der Gesellschaft (Winter 2008/09)

1. Die Grafik vergleicht die Struktur der Arbeitswelt im Jahr 1991 mit dem Jahr 2007. Dabei zeigt sich, dass der Dienstleistungsbereich (Handel, Banken, Versicherungen, Fitnessstudios usw.) sehr stark zunimmt. Bereits 72 von 100 Erwerbstätigen arbeiten in diesem Bereich. Dafür ging die Zahl der Erwerbstätigen in anderen Wirtschaftsbereich zurück.

2. – veränderte Verbrauchergewohnheiten wie z. B. Entwicklung zur Freizeitgesellschaft
   – internationale Arbeitsteilung, die Industrie verlagert zunehmend lohnintensive Produktionsgänge in Billiglohnländer
   – technischer Fortschritt setzt Arbeitskräfte frei
   – Rohstoff- und Energieknappheit bedingen neue Produkte und neue Produktionsweisen (z. B. Öl statt Kohle, Kunststoff statt Stahl)

3. Schülerabhängige Antwort

4. – Arbeitsplatzverlagerung in Billiglohnländer
   – Arbeitsplatzverlust
   – Zwang zur Mobilität
   – Einkommensverluste
   – Entwertung der eigenen Ausbildung

5. – Weiterbildungsangebote nutzen
   – sich ständig weiterqualifizieren
   – Mobilität zeigen
   – lebenslang lernen
   – erworbene Kenntnisse und Fähigkeiten ständig aktualisieren und vertiefen

5 Leben in der Gesellschaft (Winter 2010/11)

1. – Krankenversicherung
   – Arbeitslosenversicherung
   – Unfallversicherung
   – Pflegeversicherung

2. Damit sichergestellt ist, dass sich alle Arbeitnehmer für das Alter absichern, ist die Rentenversicherung eine Pflichtversicherung, deren Beiträge sich Arbeitgeber und Arbeitnehmer teilen. Die jeweils arbeitende Generation finanziert durch ihre Beiträge die Renten der im Ruhestand befindlichen Generation. Dieser sogenannte Generationenvertrag gilt als ungeschriebener Vertrag zwischen Jung und Alt.

3. Im Jahr 2060 werden voraussichtlich aufgrund rückläufiger Geburtenzahl fast genau so viele Menschen über 80 Jahren leben wie Kinder und

Teenager unter 20 Jahren. Der Anteil der Personen über 80 Jahren wird sich verdreifachen. Des Weiteren ist zu erkennen, dass die Bevölkerung schrumpft. Fazit: Die Deutschen werden immer älter, während gleichzeitig die Geburtenzahlen immer mehr zurückgehen. Dies wird dazu führen, dass immer weniger Beitragszahler immer mehr Rentner finanzieren müssen. Die Beiträge werden nicht mehr ausreichen, um die Renten zu finanzieren.

4. Die Karikatur zeigt drei Generationen, die dasselbe Ziel haben: Sie wollen im Alter gut von ihrer Rente leben. Auf der linken Seite sitzt eine ältere Dame bequem in ihrem Lehnstuhl, sie stellt die Generation der heutigen Rentner dar. Da die heute Erwerbstätigen ihre Rente finanzieren, kann sie sich bequem in ihrem Sessel „Generationenvertrag" zurücklehnen.

   Auf der rechten Seite sitzt ein kleiner Junge in einem Drehstuhl, auf dem Eigenvorsorge steht. Offensichtlich weiß er, dass die gesetzliche Rentenversicherung keine ausreichende Altersvorsorge mehr sein wird. Um den gewohnten Lebensstandard zu sichern, fängt er deshalb bereits in jungen Jahren damit an, eine zusätzliche private Altersvorsorge aus der eigenen Tasche aufzubauen.

   In der Mitte sitzt der heutige Erwerbstätige „zwischen den Stühlen". Im Vertrauen auf den Generationenvertrag hat er es vermutlich versäumt, privat für sein Alter vorzusorgen. Dabei ist er derjenige, der mit seinen Beiträgen für heutigen Rentner aufkommen muss. Aufgrund der gestiegenen Lebenserwartung und der schrumpfenden Geburtenzahl, wird es immer fraglicher, ob die heutige Jugend einmal für seine Rente aufkommen kann. Dass die Zukunft seiner Rente ungewiss ist, kann man gut an seinem Gesichtsausdruck erkennen.

5. – staatlich geförderte Riester-Rente
   – staatlich geförderte Rürup-Rente
   – Immobilien
   – private Rentenversicherung
   – andere Geldanlagen wie z. B. Fonds, Aktien, Gold

6. Schülerabhängige Antwort

Demokratie in Deutschland

Willensbildung und Entscheidung in der parlamentarischen Demokratie

Gesellschaftliche und politische Probleme im Umfeld der Schüler

1 Welche Aufgabe hat die Politik?

Die Politik hat die Aufgabe, die Probleme in der Gesellschaft durch Entscheidungen zu lösen. Diese Entscheidungen werden von einer Mehrheit getroffen und sind für alle verbindlich.

2 Immer mehr Jugendliche glauben, dass ihre Interessen von der Politik nicht beachtet werden und wenden sich daher von der Politik ab.

Warum ist diese Haltung falsch?

Auch Jugendliche sind von politischen Entscheidungen in der einen oder anderen Richtung betroffen. Durch politische Entscheidungen wird die Lebenssituation auch von Jugendlichen mitbestimmt. Deshalb müssen Jugendliche an politischen Entscheidungen mitwirken.

3 Welche Personen treffen politische Entscheidungen für Jugendliche?

– Das für die Schule und Hochschule zuständige Ministerium
– Gewählte Volksvertreter im Gemeinderat, im Kreis-, Land- und Bundestag
– Arbeitgeber, z. B. über Ausbildungsplätze in ihrem Betrieb

4 Im Grundgesetz Art. 21 (1) steht: „Die Parteien wirken bei der politischen Willensbildung des Volkes mit."

Wie können Jugendliche Einfluss auf die Meinung von Parteien und somit politischen Entscheidungsträgern ausüben?

– Durch eine aktive Mitgliedschaft in den Jugendorganisationen der Parteien
– Durch eine aktive Mitarbeit in der SMV
– Durch Wortmeldung bei Wahlveranstaltungen
– Durch Besuch der Sprechstunden der Abgeordneten
– Durch Sich-Aufstellen-Lassen bei der Wahl zum Jugendgemeinderat

Grundrechte

5 Welche zwei Hauptaufgaben hat jede Verfassung?

Hauptaufgaben von Verfassungen:

a) Aufstellung von **Grundrechten**, sie sind unveräußerliche **Schutzrechte** des einzelnen Bürgers gegenüber dem Staat, um ihn vor staatlichen Übergriffen zu schützen.

b) Aufstellung von Regeln (Normen) für die Organisation dieses Staates.

6 In welchem Gesetz ist die staatliche Grundordnung für die Bundesrepublik Deutschland festgelegt?

Die staatliche Grundordnung für die Bundesrepublik Deutschland ist im **Grundgesetz** festgelegt.

7 Wann und von wem wurde das Grundgesetz für die Bundesrepublik Deutschland verabschiedet?

Unser Grundgesetz wurde am 8. Mai 1949 vom Parlamentarischen Rat verabschiedet.

8 Nachdem mehr als zwei Drittel der beteiligten Länder das Grundgesetz angenommen hatten, konnte es in Kraft treten.

An welchem Tag trat das Grundgesetz in Kraft?

Unser Grundgesetz wurde am 23. Mai 1949 verkündet und trat mit Ablauf dieses Tages in Kraft.

9 Welche Werte stehen im GG, der Verfassung der Bundesrepublik Deutschland, an erster Stelle?

a) Menschenwürde
b) Menschenrechte
c) Frieden
d) Gerechtigkeit

10 Welche Grundsätze unserer Demokratie sind in den Artikeln 1, Absatz 1 und 20 GG niedergelegt?

a) **Art. 1 GG**
   – Die *Würde des Menschen* ist unantastbar.

b) **Art. 20 GG**
   – Die Bundesrepublik Deutschland ist ein *demokratischer* und *sozialer Bundesstaat*. →

▷ Fortsetzung der Antwort ▷

- Alle *Staatsgewalt geht vom Volke aus.*
- Alle *Staatsgewalten* (z. B. Vollziehende Gewalt) sind an das *Gesetz gebunden.*
- Zur Verteidigung des Grundgesetzes hat jeder Bürger das *Recht zum Widerstand.*

11 Erklären Sie die Bedeutung folgender Aussage: „Die Grundrechte unserer Verfassung sind unantastbar und unveräußerlich."

Im Artikel 79 Absatz 3 GG wird eine Änderung der in den Artikeln 1 und 20 niedergelegten Verfassungsgrundsätze für unzulässig erklärt. Damit können selbst verfassungsändernde Mehrheiten im Bundestag und Bundesrat die Grundrechte in ihrem Wesensgehalt nicht antasten.

12 Welche Mehrheit ist erforderlich, um das Grundgesetz zu ändern?

Soweit das Grundgesetz überhaupt geändert werden darf (siehe Frage **11**), ist für eine Änderung des GG im Bundestag und im Bundesrat eine Zweidrittelmehrheit erforderlich.

13 Nennen Sie fünf Grundrechte.

Zum Beispiel:
- Schutz der Menschenwürde (Art. 1)
- Freiheit der Person (Art. 2)
- Gleichheit vor dem Gesetz (Art. 3)
- Meinungsfreiheit (Art. 5)
- Schutz von Ehe und Familie (Art. 6)

14 Wie kann man die <u>Grundrechte</u> einteilen?

a) **Gleichheitsrechte, z. B.**
 – Gleichheit vor dem Gesetz

b) **Schutzrechte, z. B.**
 – Brief-, Post-, Telefongeheimnis
 – Asylrecht
 – Unverletzlichkeit der Wohnung

c) **Freiheitsrechte, z. B.**
 – freie Meinungsäußerung
 – freie Berufswahl
 – Versammlungsfreiheit
 – Pressefreiheit

15 Die Wahrnehmung von Rechten bringt auch Pflichten mit sich.
Finden Sie zwei Beispiele heraus, die diese Aussage bestätigen.

Zum Beispiel:
a) Recht auf Privateigentum – Sozialbindung des Eigentums
b) Recht auf staatliche Leistungen – Bezahlung von Steuern, Abgaben und Gebühren
c) Recht auf Bildung – Pflicht zum Schulbesuch

16 Für welchen Personenkreis können die Grundrechte <u>eingeschränkt</u> werden?

Artikel 17a GG sieht vor, dass für Wehr- und Ersatzdienstleistende bestimmte Grundrechte durch ein besonderes Gesetz eingeschränkt werden können.

17 Welchen Personen kann ein Teil der Grundrechte <u>entzogen</u> werden?

Wer die Freiheiten der Grundrechte zum Kampf gegen die freiheitliche demokratische Grundordnung missbraucht, hat die Grundrechte verwirkt (Art. 18 GG).

18 Durch welches Gericht können Grundrechte entzogen werden?

Die Verwirkung von Grundrechten wird durch das Bundesverfassungsgericht ausgesprochen (Art. 18 GG).

19 Zeigen Sie an einem Beispiel, dass der Anspruch der Verfassung (Verfassungsnorm) in der Wirklichkeit oft beeinträchtigt ist.

Nach dem GG herrscht zwischen Mann und Frau Gleichberechtigung. Dieser Anspruch kann auf Schwierigkeiten stoßen.
Beispiel:
– Manchmal werden Frauen trotz gleicher Tätigkeit schlechter bezahlt als Männer.

Gewaltenteilung im parlamentarischen System

20 Nennen Sie fünf wichtige Merkmale des parlamentarischen Regierungssystems der Bundesrepublik Deutschland.

a) Das Parlament, der Deutsche Bundestag, wird nach demokratischen Regeln gewählt.

b) Die Bundesregierung wird vom Parlament durch die Wahl des Bundeskanzlers eingesetzt.

c) Ohne absolute Parlamentsmehrheit ist eine Wahl des Bundeskanzlers nicht möglich.
Ausnahme: GG Art. 63 Absatz 4

d) Die Auswahl der Minister erfolgt durch den Bundeskanzler.

e) Die Regierung (Exekutive) wird durch das Parlament (Legislative) kontrolliert.

f) An der Spitze der ausführenden Gewalt (Exekutive) stehen der Bundespräsident als Staatsoberhaupt und die Bundesregierung.

g) Die Bundesregierung muss sich vor dem Bundestag verantworten.

21 Suchen Sie aus dem auf Seite 73 abgebildeten Schaubild die Staatsorgane der Bundesrepublik Deutschland heraus.

Staatsorgane der Bundesrepublik Deutschland:
a) der Bundestag
b) der Bundesrat
c) der Bundespräsident
d) die Bundesregierung
e) das Bundesverfassungsgericht und die obersten Bundesgerichte
f) die Bundesversammlung

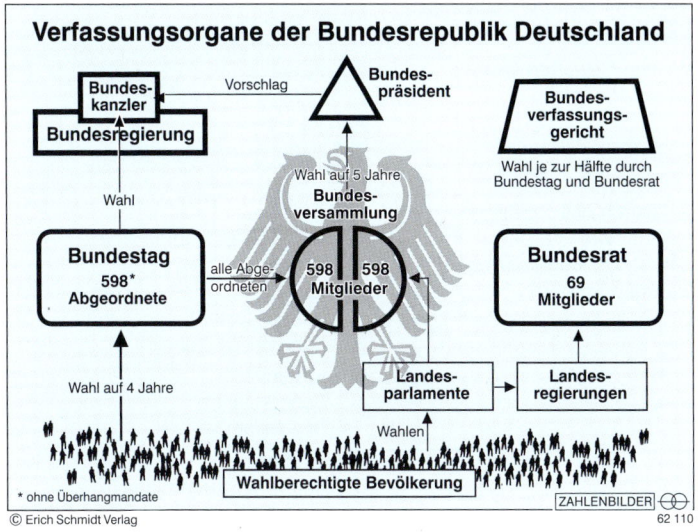

Verfassungsorgane der Bundesrepublik Deutschland

22 Wie wird in der Bundesrepublik Deutschland die staatliche Macht kontrolliert?

a) **Gewaltenteilung**

b) **Herrschaft auf Zeit**
(z. B. die Legislaturperiode des Bundestages beträgt 4 Jahre).

c) **Unabhängige Richter**, d. h., Richter unterliegen bei ihren Entscheidungen keinen Anweisungen, sie sind lediglich an das Gesetz gebunden.

d) **Verfassungsbeschwerden** beim Bundesverfassungsgericht durch jeden Bürger.

e) **Rechtsstaatsprinzip**, d. h., alle Staatsorgane sind an das Gesetz gebunden.

f) **Normenkontrollverfahren**, d. h., das Verfassungsgericht überprüft, ob ein Gesetz gegen die Verfassung verstößt.

23 In der Demokratie herrscht Gewaltenteilung.
Welche Gewalten werden unterschieden?

a) **Exekutive**
= ausführende Gewalt
b) **Legislative**
= gesetzgebende Gewalt
c) **Judikative**
= Recht sprechende Gewalt

24 Durch welche Bundes-organe wird die Gewalten-teilung auf Bundesebene wahrgenommen?

a) **Exekutive:**
– Bundespräsident/in
– Bundesregierung
 (Bundeskanzler/in und Bundes-minister/innen)
– Bundesverwaltung
b) **Legislative:**
– Bundestag
– Bundesrat
c) **Judikative:**
– Bundesverfassungsgericht
– Bundesgerichte

25 Zeigen Sie am Beispiel des Bundestages, wie die gesetzgebende Gewalt die ausführende Gewalt kontrollieren kann.

Der Bundestag
a) kann Untersuchungsausschüsse einsetzen.
b) kann durch ein konstruktives Misstrauensvotum einen anderen Bundeskanzler wählen.
c) kann Anfragen an die Bundesregierung richten.
d) beschließt den Haushalt und kontrolliert somit die Finanzen.

26 Erklären Sie folgende Begriffe:
a) horizontale Gewaltenteilung
b) vertikale Gewaltenteilung.

a) **Horizontale Gewaltenteilung:**
Die Staatsgewalt ist auf der gleichen Ebene geteilt, z. B.: Bundestag und Bundesrat (Legislative), Bundesregierung und Bundespräsident (Exekutive), Bundesverfassungsgericht (Judikative).
b) **Vertikale Gewaltenteilung:**
Die Staatsgewalt ist auf verschiedene Ebenen aufgeteilt, z. B. Bundesregierung, Länderregierungen, Regierungspräsidien, Kreisverwaltungen.

Föderalismus

[27] **Die Bundesrepublik Deutschland ist ein föderalistischer Staat.**

Erklären Sie diese Aussage.

Die Bundesrepublik Deutschland ist ein **Bundesstaat** und besteht aus **16 Bundesländern**.

[28] **Nennen Sie jeweils zwei Staaten, die**

a) dem Föderalismus und
b) dem Zentralismus

zuzuordnen sind.

a) **Föderalismus (Bundesstaaten):**
  – Bundesrepublik Deutschland
  – Schweiz
  – Indien
  – USA

b) **Zentralismus (Zentralstaaten):**
  – Frankreich
  – Deutschland unter Hitler
  – frühere DDR

[29] **Nennen Sie je zwei Argumente, die**

a) für einen föderalistischen Staat,
b) für einen zentralistischen Staat

sprechen.

a) **Vorteile*) des Föderalismus:**
  – Neben der horizontalen besteht auch eine vertikale Gewaltenteilung.
  – Es herrscht politischer Wettbewerb.
  – Machtmissbrauch wird verhindert.
  – Bei der Gesetzgebung können kulturelle und landsmannschaftliche Besonderheiten besser berücksichtigt werden.

b) **Vorteile*) des Zentralismus:**
  – Es werden Kosten gespart, da keine Landesparlamente und Länderregierungen unterhalten werden müssen.
  – Keine Unübersichtlichkeit durch verschiedene Machtzentren (z. B. verschiedene Schulabschlüsse durch Kulturhoheit der Bundesländer).
  – Kein verlangsamter Entscheidungsprozess.

---

*) Anmerkung:
Die Vorteile des Zentralstaates sind gleichzeitig die Nachteile des Föderalismus und umgekehrt.

30 Für welche Staaten ist der Zentralismus typisch?
Begründen Sie Ihre Antwort.

Der Zentralismus ist typisch für totalitäre Staaten (Diktaturen), weil so alle Macht besser in der Hand des Herrschenden (oder der Herrschenden) konzentriert werden kann. Es gibt aber auch Ausnahmen. Z. B. ist Frankreich eine Demokratie und trotzdem, aufgrund seiner geschichtlichen Entwicklung, ein Zentralstaat.

31 Die nachfolgende Karte zeigt die Bundesrepublik Deutschland.

a) Benennen Sie die mit den Zahlen ① bis ⑯ gekennzeichneten Bundesländer.

b) Nennen Sie bei den Flächenstaaten zusätzlich die Hauptstädte; sie sind jeweils durch einen farbigen Punkt (•) gekennzeichnet.

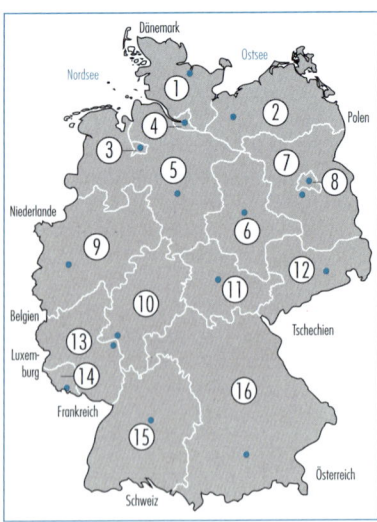

① a) *Schleswig-Holstein*
   b) Kiel
② a) *Mecklenburg-Vorpommern*
   b) Schwerin
③ a) *Bremen*
   b) Stadtstaat
④ a) *Hamburg*
   b) Stadtstaat
⑤ a) *Niedersachsen*
   b) Hannover
⑥ a) *Sachsen-Anhalt*
   b) Magdeburg
⑦ a) *Brandenburg*
   b) Potsdam
⑧ a) *Berlin*
   b) Stadtstaat
⑨ a) *Nordrhein-Westfalen*
   b) Düsseldorf
⑩ a) *Hessen*
   b) Wiesbaden
⑪ a) *Thüringen*
   b) Erfurt
⑫ a) *Sachsen*
   b) Dresden
⑬ a) *Rheinland-Pfalz*
   b) Mainz
⑭ a) *Saarland*
   b) Saarbrücken
⑮ a) *Baden-Württemberg*
   b) Stuttgart
⑯ a) *Bayern*
   b) München

32 a) Zählen Sie die Bundesländer der Bundesrepublik
Deutschland in der Reihenfolge auf, die der Bedeutung ihrer
Einwohnerzahl entspricht (das bevölkerungsreichste Bundesland
an erster Stelle).
b) Ordnen Sie den Bundesländern die ihnen zustehenden Stimmen im
Bundesrat zu.

Rangfolge nach der Einwohnerzahl	Bundesland	Einwohnerzahl (in Millionen)	Zahl der Stimmen im Bundesrat
1.	Nordrhein-Westfalen	17,84	6
2.	Bayern	12,60	6
3.	Baden-Württemberg	10,79	6
4.	Niedersachsen	7,91	6
5.	Hessen	6,09	5
6.	Sachsen	4,14	4
7.	Rheinland-Pfalz	4,00	4
8.	Berlin	3,50	4
9.	Schleswig-Holstein	2,84	4
10.	Brandenburg	2,50	4
11.	Sachsen-Anhalt	2,31	4
12.	Thüringen	2,22	4
13.	Hamburg	1,80	3
14.	Mecklenburg-Vorpommern	1,63	3
15.	Saarland	1,01	3
16.	Bremen	0,66	3
BUNDESREPUBLIK DEUTSCHLAND		81,84	69

Stand: 1.1.2012

33 **Wie setzen sich die Regierungen der Bundesländer zusammen?**

a) Aus den Ministerpräsidenten und einer je nach Bundesland unterschiedlichen Anzahl von Landesministern.

b) In den Bundesländern Hamburg und Bremen aus einem Ersten Bürgermeister und den Senatoren.

c) In Berlin aus dem Regierenden Bürgermeister und den Senatoren.

34 Welche Aufgaben hat der Ministerpräsident?

Nennen Sie drei Aufgaben.

a) Er legt die Richtlinien der Landespolitik fest.

b) Er vertritt sein Bundesland nach außen (auch bei Staatsbesuchen im Ausland).

c) Er ernennt die Beamten und Richter des Landes.

d) Er übt das Gnadenrecht aus.

35 Welche Aufgaben haben die Landesparlamente der einzelnen Bundesländer?

Die Landesparlamente

a) beschließen Landesgesetze

b) kontrollieren die Landesregierung

c) wählen den Ministerpräsidenten (Senatspräsidenten in Bremen, Ersten Bürgermeister in Hamburg, Regierenden Bürgermeister in Berlin)

d) wählen den Landtagspräsidenten (je nach Bundesland sind andere Bezeichnungen in Gebrauch)

e) wählen den Verfassungsgerichtshof (Staatsgerichtshof).

36 a) In welchem Bereich haben ausschließlich die einzelnen Bundesländer das Recht zur Gesetzgebung?

b) Unterscheiden Sie zwischen der konkurrierenden Gesetzgebung und der Rahmengesetzgebung des Bundes.

a) Auf dem Gebiet von Wissenschaft, Kunst und Schulen haben die Länder die **ausschließliche Gesetzgebungsbefugnis**.

b) **Konkurrierende Gesetzgebung:** Solange der Bund keine Gesetze erlässt, haben die Länder in diesem Bereich das Recht zur Gesetzgebung. Beispiele: Strafvollzug, Umweltschutz.

Rahmengesetzgebung des Bundes: Der Bund gibt den Rahmen vor, innerhalb dessen die Länder ihre Gesetze erlassen können. Beispiele: Presserecht, Jagdrecht.

Politische Organe

■ Bundestag

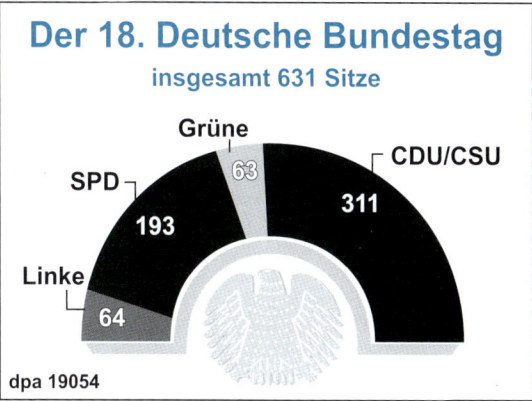

Der 18. Deutsche Bundestag
insgesamt 631 Sitze

Grüne

CDU/CSU

SPD

63

311

193

Linke

64

dpa 19054

37 Der deutsche Bundestag hat normalerweise 598 Sitze. Das Schaubild jedoch zeigt, dass nach der siebten gesamtdeutschen Wahl (vom 22. September 2013) 631 Abgeordnete im Bundestag sitzen.

a) Wie kann der Unterschied von 33 Abgeordneten erklärt werden?
b) Wann sollen die nächsten Bundestagswahlen stattfinden?

a) Bei der Sitzverteilung mussten 33 Überhangmandate berücksichtigt werden.

b) Im September/Oktober 2017

38 Erklären Sie folgende Begriffe:
a) Fraktion
b) Koalition
c) Opposition

a) **Fraktion:**
Die parlamentarische Vertretung einer Partei oder Parteiengemeinschaft nennt man Fraktion.

b) **Koalition:**
Den Zusammenschluss von zwei oder mehr Fraktionen zur Bildung einer regierungsfähigen Mehrheit im Parlament nennt man Koalition. →

▷ *Fortsetzung der Antwort* ▷

c) Opposition:
Die parlamentarische Opposition wird von den Abgeordneten gebildet, die nicht an der Regierungsbildung beteiligt sind.

39 Die Opposition ist ein wichtiger Bestandteil der parlamentarischen Demokratie.

a) Welche Hauptaufgabe hat die Opposition?

b) Welche Mittel stehen der Opposition zur Erfüllung ihrer Aufgaben zur Verfügung?

Nennen Sie zwei Mittel.

a) Hauptaufgabe der Opposition ist die **Kontrolle der Regierung**.

b) **Mittel der Opposition:**
– *Rededuelle* im Bundestag
– *Untersuchungsausschüsse*
– *Verfassungsklage* gegen Maßnahmen und Gesetze der Regierung
– *konstruktives Misstrauensvotum* (= Abwahl des regierenden Bundeskanzlers bei gleichzeitiger Wahl eines neuen Bundeskanzlers)
– *große und kleine Anfragen* (Je nach Anzahl der beteiligten Abgeordneten unterscheidet man große und kleine Anfragen. Eine Anfrage verpflichtet die Regierung, über bestimmte Tatsachen zu informieren.)

40 Welche Aufgaben hat der Deutsche Bundestag?
Nennen Sie vier Aufgaben.

a) Wahl des Bundeskanzlers

b) Mitwirkung bei der Wahl des Bundespräsidenten (der Deutsche Bundestag stellt 50 % der Mitglieder der Bundesversammlung)

c) Verabschiedung (Beschluss) des Bundeshaushalts

d) Verabschiedung (Beschluss) von Gesetzen

e) Ratifizierung (Genehmigung) von völkerrechtlichen Verträgen mit anderen Staaten

f) Kontrolle der Regierung

g) Bildung von Untersuchungsausschüssen

h) Mitwirkung bei der Wahl der Bundesrichter

i) Wahl des Bundestagspräsidenten

41 **Welche Aufgaben hat der Bundestagspräsident?**
Nennen Sie vier Aufgaben.

Der Bundestagspräsident:

a) ist Vorsitzender des Deutschen Bundestages

b) leitet die Plenarsitzungen (gerecht und unparteiisch)

c) vertritt den Bundestag nach außen

d) übt das Hausrecht und die Polizeigewalt im Deutschen Bundestag aus (GG Art. 40 Absatz 2)

e) regelt die Geschäfte des Bundestages

f) kann einem Abgeordneten das Wort erteilen, das Wort entziehen und ihm eine Rüge erteilen (Ordnungsgewalt)

g) eröffnet, beendet und unterbricht Bundestagssitzungen

42 **Damit der Deutsche Bundestag funktionsfähig und seine Abgeordneten unabhängig bleiben, sind im GG Sonderrechte für Abgeordnete verankert.**
Welche Sonderrechte haben Abgeordnete?
Nennen Sie drei Beispiele.

a) **Immunität:**
= Schutz des Abgeordneten vor behördlicher Strafverfolgung (kann vom Parlament aufgehoben werden).

b) **Indemnität:**
= Straflosigkeit für Äußerungen eines Abgeordneten im Parlament (Ausnahme: verleumderische Beleidigungen).

c) **Zeugnisverweigerungsrecht:**
= Abgeordnete sind berechtigt, Aussagen über Personen zu verweigern, die ihnen in ihrer Eigenschaft als Abgeordnete Tatsachen anvertraut haben.

d) **Ansprüche der Abgeordneten**, z. B.:
– Abgeordnete haben Anspruch auf Entschädigung für ihre Tätigkeit (Diäten).
– Abgeordnete haben das Recht auf freie Benutzung aller staatlichen Verkehrsmittel.
– Arbeitnehmer, die Abgeordnete werden wollen, haben Anspruch auf Urlaub zur Vorbereitung der Wahl.

43 Um die Bundestagsabgeordneten über spezielle
politische Aufgabenbereiche
zu beraten und zu informieren, bildet der Deutsche
Bundestag Ausschüsse.

Nennen Sie vier ständige
Ausschüsse.

a) Petitionsausschuss
b) Auswärtiger Ausschuss
c) Innenausschuss
d) Sportausschuss
e) Rechtsausschuss
f) Finanzausschuss
g) Haushaltsausschuss u. a.

■ Bundesrat

44 Welche Aufgaben hat der
Bundesrat?

Nennen Sie zwei Aufgaben.

a) Mitwirkung bei der Gesetzgebung
   (wichtigste Aufgabe)
b) Mitwirkung bei der Verwaltung
c) Mitwirkung bei der Wahl der Mitglieder des Bundesverfassungsgerichts

45 Wer hat das Recht zur
Gesetzesinitiative (Einbringung
von Gesetzesvorschlägen) im
Deutschen Bundestag?

a) Bundesrat
b) Bundesregierung
c) Bundestagsabgeordnete
   (jedoch nur in Fraktionsstärke bzw. von
   5 % [≙ zurzeit 32] aller Abgeordneten)

46 Welche drei Arten von
Gesetzen können unterschieden werden?

a) **Verfassungsändernde Gesetze:**
   Zu ihrer Verabschiedung ist eine
   Zweidrittelmehrheit in Bundesrat
   und Bundestag erforderlich.
b) **Nicht zustimmungspflichtige
   Gesetze:**
   Sie können auch nach Zurückweisung
   im Bundesrat durch erneuten
   Beschluss des Bundestages gültig
   werden.
c) **Zustimmungspflichtige Gesetze:**
   Bei einer endgültigen Ablehnung
   durch den Bundesrat sind diese
   Gesetze gescheitert.

47 Welche Hauptfunktion hat
der Bundesrat?

Durch den **Bundesrat** wirken die
Bundesländer bei der Gesetzgebung
und Verwaltung des Bundes mit.
Der Bundesrat bringt die Interessen
der Länder im Bund zur Geltung.

48 Die Bundesratsmitglieder werden von den <u>Landes-regierungen</u> entsandt.
Wovon hängt die Zahl der Bundesratsmitglieder ab, die auf ein Bundesland entfallen?

Die Zahl der Bundesratsmitglieder hängt von der jeweiligen **Einwohnerzahl** ab.

Einwohnerzahl	Stimmen im Bundesrat
mehr als 7 Millionen	6
mehr als 6 Millionen	5
mehr als 2 Millionen	4
weniger als 2 Mio.	3

49 Für welchen Zeitraum wählt der Bundesrat seinen Präsidenten?

Turnusmäßig wird jedes Jahr der Minis-terpräsident eines anderen Bundeslandes zum Bundesratspräsidenten gewählt.

50 Welche Aufgaben hat der Bundesratspräsident?

Der Bundesratspräsident
a) ist befugt, den Bundesrat einzuberufen,
b) leitet die Sitzungen des Bundesrats,
c) vertritt den Bundespräsidenten.

51 Wie stimmen die Vertreter der Länder im Bundesrat ab?

Einheitlich, entsprechend den Beschlüs-sen der *jeweiligen Landesregierung*.

■ Gesetzgebung

52 Wie entsteht ein Bundes-gesetz?

Lösung ▶
siehe Seite 84

53 Wie ist der Vermittlungs-ausschuss zusammengesetzt?

Bundestag und Bundesrat entsenden je 16 Mitglieder in den **Vermittlungsausschuss**.

54 Welche Aufgaben hat der Vermittlungsausschuss?

Können sich Bundestag und Bundesrat nicht über den Inhalt eines Gesetzes einigen, dann versucht der Vermitt-lungsausschuss, einen Kompromiss zu finden.

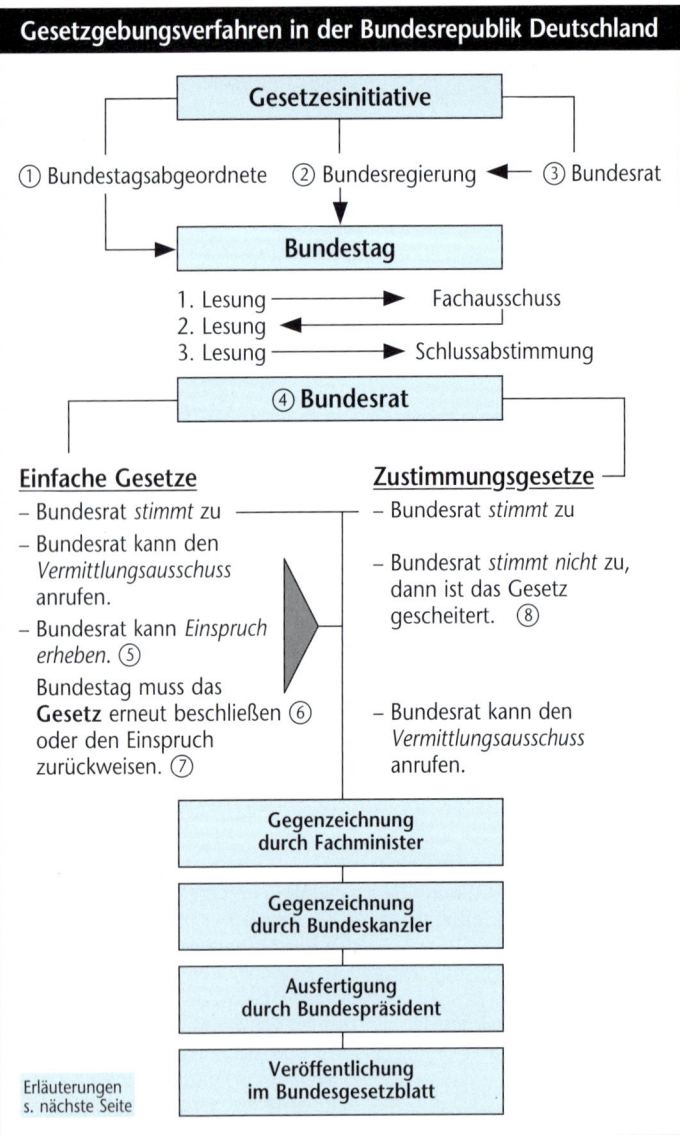

Gesetzgebungsverfahren in der Bundesrepublik Deutschland

Gesetzesinitiative

① Bundestagsabgeordnete ② Bundesregierung ◄ ③ Bundesrat

Bundestag

1. Lesung ──────► Fachausschuss
2. Lesung ◄──────
3. Lesung ──────► Schlussabstimmung

④ **Bundesrat**

Einfache Gesetze

– Bundesrat *stimmt* zu

– Bundesrat kann den *Vermittlungsausschuss* anrufen.

– Bundesrat kann *Einspruch erheben.* ⑤

Bundestag muss das **Gesetz** erneut beschließen ⑥ oder den Einspruch zurückweisen. ⑦

Zustimmungsgesetze

– Bundesrat *stimmt* zu

– Bundesrat *stimmt nicht* zu, dann ist das Gesetz gescheitert. ⑧

– Bundesrat kann den *Vermittlungsausschuss* anrufen.

Gegenzeichnung durch Fachminister

Gegenzeichnung durch Bundeskanzler

Ausfertigung durch Bundespräsident

Veröffentlichung im Bundesgesetzblatt

Erläuterungen s. nächste Seite

Erläuterungen zum Gesetzgebungsverfahren von S. 84

① Eine Gesetzesinitiative ist durch die Bundestagsabgeordneten nur in Fraktionsstärke oder von mindestens 5 % aller Abgeordneten (zurzeit 32) zu erwirken.
② Die Bundesregierung kann ein Gesetz erst nach erfolgter **Stellungnahme des Bundesrates** einbringen. Sie hat dabei das Recht auf Gegenäußerung.
③ Die Gesetzesentwürfe des Bundesrates werden **über die Bundesregierung** eingebracht. Diese kann dazu eine Stellungnahme abgeben.
④ Nach Ausschussberatungen erfolgt Schlussabstimmung.
⑤ Sofern das Vermittlungsverfahren abgeschlossen ist.
⑥ Wenn der Vermittlungsausschuss eine Änderung oder Aufhebung des Gesetzes empfiehlt.
⑦ Ein Einspruch des Bundesrates kann vom Bundestag mit gleicher Stimmenmehrheit zurückgewiesen werden.
⑧ Sofern nicht Bundestag oder Bundesrat den Vermittlungsausschuss anrufen.

■ Bundesregierung

55 **Bundeskanzler Helmut Kohl wurde im Oktober 1982 mithilfe des konstruktiven Misstrauensvotums in sein Amt gewählt.**

Erklären Sie diesen Vorgang.

Der Deutsche Bundestag kann einen Bundeskanzler abwählen, indem er mit der Mehrheit seiner Mitglieder einen neuen Bundeskanzler wählt.

56 **Die Abbildungen ① und ② zeigen den ersten und den derzeitigen Bundeskanzler.**

Benennen Sie die beiden Abbildungen. Geben Sie zusätzlich die Jahre der Kanzlerschaft sowie die Partei des jeweiligen Bundeskanzlers an.

① a) Konrad Adenauer
   b) 1949–1963
   c) CDU

② a) Angela Merkel
   b) 2005 bis heute
   c) CDU

①

②

57 Die Bundesregierung besteht aus dem Bundeskanzler und den Bundesministern. Nennen Sie fünf Bundesministerien.

a) Auswärtiges Amt
b) Bundesministerium des Inneren
c) Bundesministerium der Justiz
d) Bundesministerium der Finanzen
e) Bundesministerium für Arbeit und Soziales
f) Bundesministerium der Verteidigung u. a.

58 Wer leitet die Bundesregierung?

Der Bundeskanzler

59 Wie kommen die Bundesminister ins Amt?

Sie werden vom Bundespräsidenten ernannt, auf Vorschlag des Bundeskanzlers.

60 Müssen die Bundesminister durch den Bundestag bestätigt werden?

Nein, auch ihre Entlassung wird auf Vorschlag des Bundeskanzlers vom Bundespräsidenten ausgesprochen (Art. 64 Abs. 1 GG).

61 Erläutern Sie, was man unter dem Kanzlerprinzip versteht.

a) Der Bundeskanzler bestimmt die Richtlinien der Politik (sog. Richtlinienkompetenz) und ist dafür verantwortlich.
b) Der Bundeskanzler ist den Bundesministern übergeordnet.
c) Die Bundesminister müssen den Bundeskanzler ständig über Vorhaben und Maßnahmen innerhalb ihres Aufgabenbereichs informieren.

62 Wodurch ist die starke Position des Bundeskanzlers gekennzeichnet?

Der Bundeskanzler

a) hat die Richtlinienkompetenz
b) legt die Größe des Kabinetts fest
c) wählt die Bundesminister aus
d) muss einverstanden sein, wenn ein Bundesminister sein Amt verlieren soll
e) leitet die Geschäfte der Bundesregierung
f) hat im Verteidigungsfall den Oberbefehl über die Bundeswehr
g) kann während der Legislaturperiode nur durch ein konstruktives Misstrauensvotum gestürzt werden

■ **Bundespräsident**

63 Der Bundespräsident
ist das Staatsoberhaupt der
Bundesrepublik Deutschland.

a) Von welchem Bundesorgan
wird der Bundespräsident
gewählt?

b) Wie lange dauert die Amtszeit des Bundespräsidenten?

a) **Bundesversammlung** besteht
aus allen Mitgliedern des Deutschen
Bundestages und einer gleichen
Anzahl von Mitgliedern, die von den
Volksvertretungen der Länder gewählt
werden.

b) 5 Jahre; einmalige Wiederwahl ist
möglich.

64 Welche Aufgaben hat der
Bundespräsident?

Nennen Sie drei Aufgaben.

a) Völkerrechtliche Vertretung der
Bundesrepublik Deutschland

b) Ernennung der Bundesminister

c) Ernennung der Bundesbeamten,
Bundesrichter und Offiziere

d) Verkündigung des Verteidigungsfalles

e) Auflösung des Bundestages

f) Prüfung und Unterzeichnung
von Gesetzen

65 Wer ist der Stellvertreter
des Bundespräsidenten?

Der Präsident des Bundesrates

66 Die Abbildungen ① und ②
zeigen den ersten und den derzeitigen Bundespräsidenten der
Bundesrepublik Deutschland.

Nennen Sie jeweils den Namen
und die Jahre der Präsidentschaft.

① a) Theodor Heuss
b) 1949–1959

② a) Joachim Gauck
b) 2012 bis heute

①

②

■ **Bundesverfassungsgericht als Wahrer der Rechtsstaatlichkeit**

67 In welcher Stadt hat das
Bundesverfassungsgericht
seinen Sitz?

In Karlsruhe

68 Wer wählt die Richter des
Bundesverfassungsgerichts?

Die Richter werden jeweils zur Hälfte von
Bundestag und vom Bundesrat gewählt.

69 Wofür ist das Bundes-
verfassungsgericht zuständig?
Nennen Sie fünf Zuständigkeiten.

Die Zuständigkeiten des Bundesverfassungsgerichts sind im GG festgelegt.
Es entscheidet unter anderem über
a) die Verwirkung von Grundrechten,
b) die Verfassungswidrigkeit von Parteien,
c) Beschwerden gegen Entscheidungen
   des Bundestages,
d) Anklagen des Bundestages oder
   Bundesrates gegen den Bundespräsidenten,
e) die Auslegung des GG,
f) Verfassungsbeschwerden von jedermann wegen Verletzung der Grundrechte durch die staatliche Gewalt.

70 Was versteht man unter
Normenkontrolle?

Normenkontrolle: Das Bundesverfassungsgericht überprüft, ob neue Gesetze
mit dem Grundgesetz übereinstimmen.
Das Verfahren beginnt mit der Vorlage
eines Gerichtes, des Bundestages, des
Bundesrates, der Bundesregierung oder
einer Landesregierung.

71 Woran erkennt man einen
Rechtsstaat?
Nennen Sie drei Merkmale.

a) Grundrechte
b) Gewaltenteilung
c) unabhängige Richter
d) Regierung und Verwaltung sind an
   Gesetze gebunden.
e) Die Machtausübung ist zeitlich
   begrenzt (Wahlen).
f) keine rückwirkenden Gesetze

72 Erklären Sie folgende Begriffe:

a) Petitionsrecht
b) Klagerecht
c) Berufung
d) Revision

a) **Petitionsrecht (GG Art. 17):**
Jedermann hat das Recht, sich einzeln oder in Gemeinschaft mit anderen schriftlich mit Bitten oder Beschwerden an die zuständigen Stellen und an die Volksvertretung zu wenden.

b) **Klagerecht:**
Fühlt sich ein Bürger durch Entscheidungen einer Behörde nicht richtig behandelt, so kann er den Klageweg beschreiten.

c) **Berufung:**
Bei einer Berufung wird der Prozess noch einmal bei einem übergeordneten Gericht durchgeführt.

Instanzenweg:
– Amtsgericht
– Landgericht
– Oberlandesgericht
– Bundesgerichtshof

d) **Revision:**
Revision ist gegen Berufungsurteile möglich. Dabei wird das Verfahren nicht neu eröffnet, sondern überprüft, ob die Gesetze eventuell fehlerhaft angewendet wurden oder ob Verfahrensmängel vorgekommen sind.

■ **Wahlen**

73 Unterscheiden Sie

a) aktives und
b) passives Wahlrecht.

a) **Aktives Wahlrecht:**
= Das Recht, zu wählen

b) **Passives Wahlrecht:**
= Das Recht, gewählt zu werden

74 Ein demokratischer Staat ermöglicht seinen Bürgern demokratische Wahlen.

Nennen Sie die Grundsätze einer demokratischen Wahl.

Demokratische Wahlgrundsätze:

Demokratische Wahlen sind:

a) **Allgemein,**
d. h., wer das aktive Wahlrecht besitzt, kann wählen, und wer das passive Wahlrecht besitzt, kann gewählt werden.

→

▷ *Fortsetzung der Antwort* ▷

b) **Frei**,
    d. h., es darf kein Wahlzwang aus-
    geübt werden.

c) **Gleich**,
    d. h., jeder Wähler hat die gleiche
    Stimmenzahl.

d) **Geheim**,
    d. h., der Wahlvorgang muss so mög-
    lich sein, dass er nicht von anderen
    beobachtet werden kann.

e) **Unmittelbar**,
    d. h., jeder Wähler wählt den
    Abgeordneten direkt und nicht über
    Wahlmänner.

|75| **Welche Voraussetzungen muss ein Bürger erfüllen, damit er das <u>aktive Wahlrecht</u> in Anspruch nehmen kann?**

Er muss am Wahltag
a) das 18. Lebensjahr vollendet haben,
b) die deutsche Staatsbürgerschaft besitzen,
c) seit mindestens drei Monaten seinen Hauptwohnsitz im Wahlgebiet haben.

|76| **Welche Voraussetzungen muss ein Bürger erfüllen, damit er das <u>passive Wahlrecht</u> in Anspruch nehmen kann?**

Er muss am Wahltag
a) das 18. Lebensjahr vollendet haben,
b) seit mindestens einem Jahr die deut- sche Staatsbürgerschaft besitzen,
c) seit mindestens drei Monaten seinen Hauptwohnsitz im Wahlgebiet haben.

|77| **Können Personen vom Wahlrecht ausgeschlossen werden?**

Vom Wahlrecht ausgeschlossen sind Personen, die
a) wegen geistiger Behinderung in all ihren Angelegenheiten unter Betreu- ung stehen,
b) das Wahlrecht durch Richterspruch aberkannt bekommen haben.

|78| **Welche Mehrheiten können bei einer Wahl gefordert werden?**

a) **Einfache oder relative Mehrheit:**
    Gewählt ist, wer die meisten Stimmen
    erhalten hat.   →

▷ *Fortsetzung der Antwort* ▷

b) **Absolute Mehrheit:**
Gewählt ist, wer mehr als 50 % der Stimmen erhalten hat.

c) **Qualifizierte Mehrheit:**
Gewählt ist, wer zwei Drittel oder drei Viertel der Stimmen erhalten hat.

79 **Erklären Sie folgende Wahlsysteme:**

a) **Mehrheitswahl**
b) **Verhältniswahl**
c) **Mischwahl**

a) **Mehrheitswahl:**
Mehrere **Kandidaten** stehen zur Wahl. Gewählt ist, wer die meisten Stimmen erhält. Stimmen, die auf die Verlierer entfallen sind, zählen nicht.

b) **Verhältniswahl:**
Mehrere **Parteien** stehen über **Parteilisten** zur Wahl. Die Zahl der Abgeordneten einer Partei entspricht ihrem prozentualen Stimmenanteil. Jede Stimme zählt.

c) **Mischwahl:**
Die Mischwahl ist eine Kombination aus Mehrheitswahl und Verhältniswahl.

80 **Nennen Sie jeweils einen Vor- und Nachteil der Mehrheitswahl.**

a) **Vorteile:**
– klare Mehrheitsbildung
– Persönlichkeitswahl
– keine Splitterparteien

b) **Nachteile:**
– Neue Parteien haben wenig Chancen.
– Auf Verlierer entfallene Stimmen zählen nicht.

81 **Nennen Sie jeweils einen Vor- und Nachteil der Verhältniswahl.**

a) **Vorteile:**
– jede Stimme zählt
– große Auswahl an Parteien

b) **Nachteile:**
– Splitterparteien sind möglich
– Es werden keine Einzelpersonen, sondern Personengruppen über Parteilisten gewählt.

82 Wodurch wird in der Bundesrepublik Deutschland verhindert, dass Splitterparteien im Parlament vertreten sind?

Splitterparteien werden durch die 5%-Hürde verhindert, d. h., Parteien müssen entweder 5% der Zweitstimmen erhalten oder drei Direktmandate erreichen.

83 Warum wird bei Bundestagswahlen nach dem Mischwahlsystem gewählt?

Der Bundestag wird mithilfe des Mischwahlsystems gewählt, um die Vorteile von Mehrheitswahl und Verhältniswahl miteinander zu verbinden und deren Nachteile auszuschließen.

84 Wie viele Stimmen hat ein Wähler bei der Bundestagswahl zur Verfügung?

Jeder Wähler hat zwei Stimmen.

a) **1 Erststimme** für den Direktkandidaten (Mehrheitswahl)

b) **1 Zweitstimme***) für die Landesliste einer Partei (Verhältniswahl)

---

*) Entscheidend für die Sitzverteilung im Parlament ist die Zahl der Zweitstimmen, die auf eine Partei entfallen.

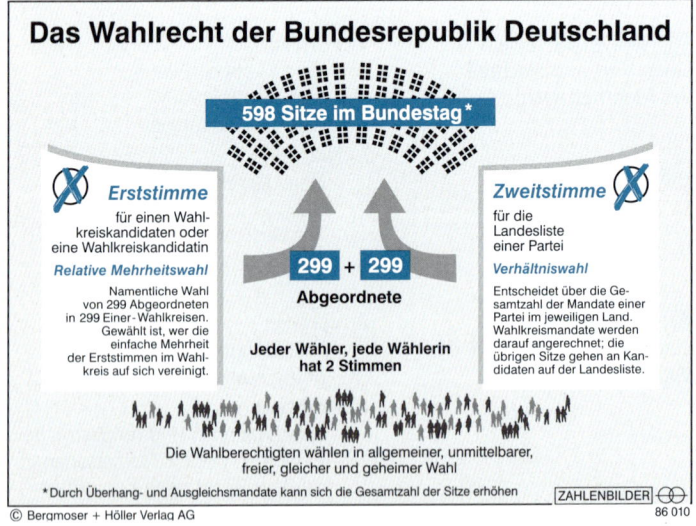

Das Wahlrecht der Bundesrepublik Deutschland

598 Sitze im Bundestag*

Erststimme
für einen Wahlkreiskandidaten oder eine Wahlkreiskandidatin
Relative Mehrheitswahl
Namentliche Wahl von 299 Abgeordneten in 299 Einer-Wahlkreisen. Gewählt ist, wer die einfache Mehrheit der Erststimmen im Wahlkreis auf sich vereinigt.

299 + **299**
Abgeordnete

Jeder Wähler, jede Wählerin hat 2 Stimmen

Zweitstimme
für die Landesliste einer Partei
Verhältniswahl
Entscheidet über die Gesamtzahl der Mandate einer Partei im jeweiligen Land. Wahlkreismandate werden darauf angerechnet; die übrigen Sitze gehen an die Kandidaten auf der Landesliste.

Die Wahlberechtigten wählen in allgemeiner, unmittelbarer, freier, gleicher und geheimer Wahl.

* Durch Überhang- und Ausgleichsmandate kann sich die Gesamtzahl der Sitze erhöhen

ZAHLENBILDER

© Bergmoser + Höller Verlag AG   86 010

■ Parteien

85 Das politische Leben der Bundesrepublik Deutschland wird derzeit vor allem durch die im Bundestag und in den Länderparlamenten vertretenen Parteien gestaltet.

Zählen Sie diese Parteien auf.

a) CDU
b) CSU (nur in Bayern)
c) SPD
d) Bündnis 90/Die Grünen
e) F.D.P.
f) DIE LINKE

86 Im Mehrparteiensystem der Bundesrepublik Deutschland lassen sich

a) Volksparteien und
b) Interessenparteien

unterscheiden.

Erklären Sie diese Begriffe und nennen Sie Beispiele.

a) **Volksparteien:**
Volksparteien sprechen mit ihren parteipolitischen Zielen große Teile der Bevölkerung an, da sie sehr viele, oft sehr unterschiedliche Interessen in sich vereinigen.
Beispiele:
– CDU/CSU
– SPD
– Bündnis 90/Die Grünen
– F.D.P.

b) **Interessenparteien:**
Interessenparteien beschränken sich bei ihrer Anhängerschaft und bei ihren Mitgliedern auf berufliche, wirtschaftliche oder kulturelle Zielsetzungen.
Beispiele:
– Piratenpartei
– Bündnis 21/RRP
  (Rentnerinnen- und Rentner-Partei)
– Partei Bibeltreuer Christen/PBC

87 Welche Aufgaben haben Parteien?

Nennen Sie drei wichtige Aufgaben.

a) Parteien sind ein Bindeglied zwischen Bevölkerung und Regierung.
b) Parteien stellen Kandidaten für Wahlen auf.
c) Parteien wirken bei der politischen Meinungs- und Willensbildung mit.
d) Parteien geben Anregungen für die Gesetzgebung.
e) Parteien führen die junge Generation an die Politik heran.
f) Parteien werben Mitglieder.
g) Parteien stellen Programme auf.

88 **Welches Gericht hat das Recht, Parteien zu verbieten?**

Das **Bundesverfassungsgericht** in Karlsruhe (auf Antrag des Bundestages, des Bundesrates oder der Bundesregierung).

89 **Welche Parteien können verboten werden?**

Parteien können verboten werden, wenn sie sich gegen die Verfassung (GG) richten und ihr Aufbau nicht demokratisch ist.

90 **Erklären Sie kurz die folgenden politischen Grundrichtungen:**

a) Konservatismus
b) Liberalismus
c) Sozialismus
d) Kommunismus
e) Nationalismus
f) Ökologismus

a) **Konservatismus:**
Es wird versucht, Bestehendes und Bewährtes mit dem Fortschritt zu vereinbaren.

b) **Liberalismus:**
Es wird die größtmögliche Freiheit des Einzelmenschen angestrebt.

c) **Sozialismus:**
Das Wohl der Gemeinschaft steht im Vordergrund.

d) **Kommunismus:**
Nach Karl Marx ist der Kommunismus die auf den Sozialismus folgende Entwicklungsstufe, bei der alle Güter Eigentum der Gemeinschaft sind (= klassenlose Gesellschaft).

e) **Nationalismus:**
Die eigene Nation wird gegenüber anderen Nationen überbewertet. Die Interessen des eigenen Volkes stehen immer an erster Stelle.

f) **Ökologismus:**
Schaffung einer lebenswerten Umwelt, auch für zukünftige Generationen, d. h., die Umwelt steht im Vordergrund

91 **Die Parteien in der Bundesrepublik Deutschland vertreten unterschiedliche politische Grundrichtungen.**

Ordnen Sie die politischen Grundrichtungen den entsprechenden Parteien zu.

a) CDU/CSU – konservativ
b) SPD, DIE LINKE – sozialistisch
c) F.D.P. – liberal
d) Bündnis 90/Die Grünen – ökologisch
e) NPD/DVU – national

92 Durch welche Geldquellen finanzieren die Parteien ihre Aufgaben?
Nennen Sie drei Beispiele.

a) Mitgliedsbeiträge
b) Staatsmittel
   (Wahlkampfkostenerstattung)
c) Spenden
d) sonstige Einnahmen
   (z. B. Verkauf von Aufklebern)

93 Wodurch können Sie die Programmgestaltung einer Partei möglicherweise beeinflussen?

Durch Eintritt in diese Partei und aktive Mitarbeit in den entsprechenden Gremien dieser Partei.

■ Verbände

94 An der Möglichkeit, Verbände zu bilden, erkennt man eine pluralistische Gesellschaft.
Nennen Sie drei Verbände.

a) **Gewerkschaften**
   z. B. IG Metall, DAG, ver.di
b) **Arbeitgeberverbände**
   z. B. Bäckerinnung, Landeszahnärztekammern oder Arbeitgeberverband Gesamtmetall
c) **Bauernverband**
d) **Mieterbund**

95 Erklären Sie den Unterschied zwischen Parteien und Verbänden.

a) **Parteien:**
   Sie haben ein <u>umfassendes Programm</u>, das alle politischen Bereiche abdeckt. Parteien streben nach der Regierungsverantwortung.
b) **Verbände:**
   Sie vertreten hauptsächlich die Interessen ihrer Mitglieder und versuchen, auf die Politik Einfluss zu nehmen. Verbände streben keine Regierungsverantwortung an.

96 Welche Möglichkeiten haben Verbände, um auf politische Entscheidungen Einfluss zu nehmen?
Nennen Sie drei Möglichkeiten.

a) **Wählerstimmen** der Mitglieder
b) **Öffentlichkeitsarbeit**
   z. B. Flugblätter, Werbespots, Zeitungsanzeigen

→

▷ *Fortsetzung der Antwort* ▷

c) **Lobbyismus*)**
Vertreter von Verbänden und Interessengruppen versuchen auf Abgeordnete und Regierungsmitglieder in ihrem Sinne einzuwirken.

d) Übernahme von **Abgeordnetenmandaten** zur direkten Beeinflussung der Gesetzgebung.

---

*) vom englischen Wort „lobby"
= Vorhalle eines Parlaments; dort halten sich die sog. Lobbyisten auf

■ **Andere Möglichkeiten der Willensäußerung**

97 Welche Vor- und Nachteile haben Bürgerinitiativen?

Nennen Sie jeweils zwei Beispiele.

a) **Vorteile:**
– staatliche Stellen werden kontrolliert
– Abbau von Vorurteilen durch die Zusammenarbeit mehrerer Schichten der Bevölkerung
– direkte Mitwirkung am demokratischen Willensbildungs- und Entscheidungsprozess

b) **Nachteile:**
– Ziel ist oft nur das Wohl einer kleinen Gruppe und nicht das Gemeinwohl.
– Manchmal sind Bürgerinitiativen ein Deckmantel für politische Extremisten, die staatliche Stellen diffamieren wollen.
– Verzögerung von Baumaßnahmen zur Verbesserung der Infrastruktur.

98 Welche Ziele werden mit der Durchführung von Demonstrationen verfolgt?

Die Aufmerksamkeit der Öffentlichkeit soll auf bestimmte politische Zustände gelenkt werden (oft mithilfe der Massenmedien). Dabei soll eine Änderung herbeigeführt werden.

99 Was versteht man unter dem Petitionsrecht?

Petitionsrecht:
Nach Artikel 17 GG hat jeder Bürger das Recht, sich einzeln oder in der Gemeinschaft mit anderen schriftlich mit <u>Bitten</u> oder <u>Beschwerden</u> an die zuständigen Behörden und an die Volksvertretung zu wenden.

[100] Warum schreiben zahlreiche Bürger Leserbriefe an Tageszeitungen, Illustrierte, Internetforen und Nachrichtenmagazine?

Leserbriefe:

Für viele Bürger ist der Leserbrief die einzige Möglichkeit, ihre Meinung zu aktuellen Fragen (Lob, Anregungen oder Kritik) einer breiten Öffentlichkeit mitzuteilen.

■ **Informationsmöglichkeiten und Meinungsbildung – Rolle der Medien**

[101] Die Voraussetzung für eine begründete Meinungs- und Willensbildung ist umfassende Information.
Wie kann sich der Bürger in einer Demokratie informieren?
Nennen Sie fünf Möglichkeiten.

a) Zeitungen
b) Rundfunk
c) Fernsehen
d) Internet
e) Diskussionsrunden
f) Parteiveranstaltungen
g) Vortragsabende

[102] Welche wichtigen Massenmedien gibt es?
Nennen Sie drei Beispiele.

a) Rundfunk
b) Fernsehen
c) Zeitungen
d) Zeitschriften
e) Internet

[103] Nennen Sie drei Aufgaben der Massenmedien.

a) Information
b) Mitwirkung bei der Meinungsbildung
c) Kritik und Kontrolle

[104] Das GG garantiert in seinem Art. 5 die Meinungs- und Pressefreiheit.
Zählen Sie in diesem Zusammenhang die wichtigsten Aufgaben der Massenmedien auf.

a) Umfassende Information der Bürger
b) Kontrolle der Regierung
c) Bindeglied zwischen Bürger und Regierung
d) Veröffentlichung verschiedener Meinungen

[105] Manchen Medien wird unterstellt, sie würden den Bürger einseitig informieren, also manipulieren.
Wie kann sich der Bürger vor Manipulation schützen?
Nennen Sie zwei Beispiele.

Der Bürger
a) muss kritisch sein,
b) muss sich durch mehrere Medien informieren,
c) kann eine Gegendarstellung erwirken,
d) kann Leserbriefe schreiben.

106 Erklären Sie folgende Begriffe:
a) Nachricht
b) Kommentar

a) **Nachricht:**
Hier handelt es sich um eine kurze, <u>sachliche</u> Darstellung von Tatsachen.

b) **Kommentar:**
Tatsachen werden mit einer <u>persönlichen Wertung</u> versehen (subjektive Darstellungsweise).

107 Welche Gefahren bzw. Probleme können beim Meinungsbildungsprozess durch Massenmedien auftreten?
Nennen Sie zwei Beispiele.

a) Pressekonzentration
b) gezielte Auswahl der Meldungen
c) einseitige Berichterstattung
d) Weglassen oder Verfälschen von Informationen
e) Manipulation

108 Erklären Sie den Begriff <u>Pressezensur.</u>

a) Der Staat kontrolliert und beeinflusst die Informationen, die an die Öffentlichkeit gelangen sollen.
b) Meinungen, die sich gegen die Regierungspolitik aussprechen, werden nicht veröffentlicht.
c) Durch die Zensur **lenkt** der Staat die öffentliche Meinung.

109 In welchen Staaten herrscht derzeit Pressezensur?
Nennen Sie zwei Staaten.

a) Kuba
b) Volksrepublik China
c) Iran, Nordkorea u. a.

110 In der Bundesrepublik Deutschland ist eine zunehmende Pressekonzentration festzustellen.
Erklären Sie diesen Vorgang.

Bisher unabhängige Zeitungen werden durch einige wenige Zeitungsverlage aufgekauft.

111 Welche Vor- und Nachteile bringen uns die neuen elektronischen Medien, wie z. B. Kabel- und Satellitenfernsehen, Videotext und Internet?
Nennen Sie jeweils zwei Beispiele.

a) **Vorteile, z. B.:**
– umfassendere Information durch mehr Programme
– größere Meinungsvielfalt
b) **Nachteile, z. B.:**
– häufige Werbepausen
– Reizüberflutung
– einseitige Informations- und Programmgestaltung

Politische Willensbildung – Pluralismus

112 Die Bundesrepublik Deutschland ist ein pluralistischer Staat.
Nennen Sie drei Merkmale des Pluralismus.

a) Verschiedene **Parteien** bemühen sich um die Machtausübung (Regierungsverantwortung).

b) Entsprechend ihren Interessen bilden die Bürger **Verbände**, z. B. Innungen, Arbeitgeberverbände, Gewerkschaften, Automobilclubs u. a.

c) Die **Interessengruppen** versuchen, die Gestaltung von Gesetzen zu beeinflussen.

d) Zwischen einzelnen Interessengruppen kommt es oft zu **Konflikten**, die einen **Interessenausgleich** (Kompromiss) erforderlich machen, z. B. Lohnkonflikte zwischen Gewerkschaften und Arbeitgeberverbänden.

113 Nennen Sie drei Gründe für die Entstehung von Konflikten.

Konflikte entstehen durch:

a) unterschiedliche Interessen von Einzelpersonen, Gruppen oder Staaten

b) Vorurteile gegenüber anderen

c) unterschiedliche wirtschaftliche Interessen

d) den Aufbau von Feindbildern

114 Erklären Sie den Begriff „Vorurteil".

Vorurteile:
= **Einstellungen** gegenüber Menschen und Dingen, die nicht sachlich begründet und durch eigene Erfahrungen belegbar sind.

115 Welche Gefahren für das gesellschaftliche Zusammenleben bringen Feindbilder mit sich?
Nennen Sie zwei Beispiele.

a) Sie erzeugen den Glauben, um Frieden zu erreichen, müssen nur „böse Menschen" und „schlimme Systeme" beseitigt werden.

b) Durch das Vorhandensein von Feindbildern wird Gewalt gerechtfertigt.

c) Das Aufstellen von Feindbildern ist mit der Friedenserziehung nicht vereinbar.

116 Nennen Sie Beispiele für Konflikte zwischen

a) Einzelpersonen,
b) gesellschaftlichen Gruppen.

a) **Konflikte zwischen Einzelpersonen, z. B.**
 – Konflikte zwischen Nachbarn
 – Konflikte zwischen Arbeitgeber und Arbeitnehmer

b) **Konflikte zwischen gesellschaftlichen Gruppen, z. B.**
 – Konflikte zwischen Regierung und Opposition
 – Konflikte zwischen Gewerkschaften und Arbeitgeberverbänden
 – Konflikte zwischen Kernkraftbefürwortern und Kernkraftgegnern

117 Wie sollten Konflikte <u>immer</u> gelöst werden?

Konflikte sollten **immer** friedlich gelöst werden.
Möglichkeiten der friedlichen Lösung sind:

a) der *Kompromiss* (= Einigung bei gegenseitigen Zugeständnissen)
b) der *Dialog* (= Gespräch)
c) *Toleranz* (= Duldsamkeit) gegenüber anderen Einstellungen
d) *Abbau von Aggressionen* (= feindselige Haltung)

118 Welcher Weg steht jedem Bürger oder jeder gesellschaftlichen Gruppe offen, um in einem Rechtsstaat strittige Fragen zu lösen?

Kommt in einem Streit keine Einigung zustande, dann können die Beteiligten die zuständigen Gerichte anrufen.

119 Erklären Sie den Begriff „Konfliktfähigkeit".

Konfliktfähigkeit:
= Die Mitglieder einer pluralistischen Gesellschaft müssen folgende Grundregeln akzeptieren, damit gewaltfreie Lösungen von Konflikten möglich sind:

a) mit Konflikten leben,
b) friedlich Kompromisse schließen,
c) rechtskräftige Gerichtsurteile anerkennen.

120 Die Bundesrepublik Deutschland ist ein moderner Sozialstaat. Trotzdem gibt es Randgruppen und Minderheiten, die unter den Vorurteilen eines Teils der Mehrheit zu leiden haben.

a) Nennen Sie fünf Randgruppen bzw. Minderheiten.

b) Welche Nachteile entstehen durch diese Vorurteile für die betroffenen Menschen? Nennen Sie zwei Beispiele.

a) **Beispiele für Randgruppen bzw. Minderheiten:**
- Vorbestrafte
- Ausländer
- Behinderte
- Obdachlose
- Sinti und Roma
- ledige Mütter
- Arbeitslose
- Suchtkranke
- Asylanten
- Empfänger von Arbeitslosengeld II

b) **Nachteile:**
- Sie bekommen nur sehr schwer Arbeitsplätze und Wohnungen.
- Sie werden in eine Außenseiterrolle gedrängt.
- Sie haben kaum Aufstiegschancen.

121 Welche Möglichkeiten haben Sie, Angehörigen von Randgruppen zu helfen? Nennen Sie zwei Beispiele.

a) mehr Toleranz üben
b) mehr Informationen beschaffen
c) bereit sein, im konkreten Einzelfall aktiv zu helfen

122 Welche Möglichkeiten haben die Angehörigen von Randgruppen, um ihre Situation zu verbessern? Nennen Sie zwei Möglichkeiten.

a) Petitionen
b) Klagen
c) Demonstrationen
d) Bildung von örtlichen Unterstützungsgruppen (z. B. für Suchtkranke)
e) Gründung von Interessenverbänden

Demokratie: Chancen, Entwicklung, Risiken

Teilung Deutschlands, Kalter Krieg, Westintegration

1 An welchem Tag endete
der 2. Weltkrieg?

Am **8. Mai 1945** wurden die
Kapitulationsurkunden unterzeichnet.

2 Nennen Sie je zwei Kriegs-
folgen für
a) die Zivilbevölkerung,
b) die Soldaten,
c) die Lebensbedingungen
und die Verwaltung in
Deutschland.

a) **Zivilbevölkerung:**
– ca. 3,5 Millionen Tote bei Luft-
angriffen
– ca. 12 Millionen Vertriebene

b) **Soldaten:**
– ca. 4 Millionen Gefallene
– Millionen Versehrte
– 6 Millionen in Gefangenschaft

c) **Lebensbedingungen und Verwaltung:**
– Hunger
– zerstörte Betriebe und Häuser
– Wohnungsnot
– zerstörte Infrastruktur
– fehlende Arbeitsplätze
– Schwarzmarkt und Tauschhandel
– keine deutsche Regierung, sondern
Militärregierung der Besatzungsmächte

Anmerkung:
Die genannten Zahlenwerte beziehen sich allein auf
Deutschland. Weltweit kostete der 2. Weltkrieg rd.
54 Millionen Menschen das Leben

3 Wie war während der
Potsdamer Konferenz nach
dem Ende des 2. Weltkriegs
(8. Mai 1945) die Verwaltung
Deutschlands geregelt?

a) Deutschland wurde in vier
Besatzungszonen aufgeteilt.

b) In jeder Besatzungszone gab es
eine Militärregierung der jeweiligen
Siegermacht.

c) Für Gesamtdeutschland war der
Alliierte Kontrollrat verantwortlich.

d) Berlin wurde in vier Sektoren
aufgeteilt und von der Alliierten
Kommandantur verwaltet.

4 Auf welchen Konferenzen wurde 1945 von den Alliierten über das Schicksal Deutschlands entschieden?

a) **Konferenz von Jalta**
   (Halbinsel Krim) UdSSR
   im Februar 1945

b) **Konferenz von Potsdam**
   im Juli und August 1945

5 Nennen Sie wichtige Ergebnisse bzw. Bestimmungen, die das Potsdamer Abkommen für Deutschland gebracht hat.

Potsdamer Abkommen	
a) **Politische Ergebnisse**	① Verwaltung Deutschlands durch einen Alliierten Kontrollrat ② Abrüstung und Entmilitarisierung Deutschlands ③ Auflösung der NSDAP ④ Bestrafung der Kriegsverbrecher ⑤ Entnazifizierung
b) **Wirtschaftliche Ergebnisse**	① Verbot der Herstellung von Waffen, Flugzeugen und Seeschiffen ② Behandlung Deutschlands als wirtschaftliche Einheit ③ Errichtung einer alliierten Kontrolle über die deutsche Wirtschaft
c) **Reparationsbestimmungen**	① Die UdSSR und Polen durften ihre Reparationsansprüche aus der SBZ befriedigen ② Die USA, GB und andere anspruchsberechtigte Staaten durften ihre Reparationsansprüche aus den westlichen Besatzungszonen und aus den deutschen Auslandsguthaben befriedigen
d) **Territoriale Bestimmungen**	① Verwaltung Königsbergs und des nördlichen Ostpreußens durch die UdSSR ② Verwaltung der übrigen Ostgebiete durch Polen*) ③ Vertreibung der Deutschen aus den Ostgebieten, aus Ungarn und der Tschechoslowakei**)
*) Die Festlegung der endgültigen Westgrenze Polens blieb einer Friedenskonferenz vorbehalten. **) „in ordnungsgemäßer und humaner Weise"	

6 Die folgende Karte zeigt Deutschland in den Grenzen von 1937.
In die Karte sind die Besatzungszonen und sonstige Veränderungen des Staatsgebiets nach dem 2. Weltkrieg eingezeichnet.
Benennen Sie die mit den Zahlen von ① bis ⑨ bezeichneten Gebiete.

① Saarland:
französisches Wirtschaftsgebiet, das am 1.1.1957 in die Bundesrepublik Deutschland rückgegliedert wurde.

② **Französische Besatzungszone**

③ **Britische Besatzungszone**

④ **Amerikanische Besatzungszone**

⑤ **Sowjetische Besatzungszone (SBZ)**

⑥ **Berlin (West)**
  – Amerikanischer Sektor
  – Britischer Sektor
  – Französischer Sektor

⑦ **Berlin (Ost)**
  – Sowjetischer Sektor

⑧ **Gebiete** östlich der Oder-Neiße-Linie, die heute zu Polen gehören

⑨ **Gebiete** östlich der Oder-Neiße-Linie, die heute zu Russland gehören.

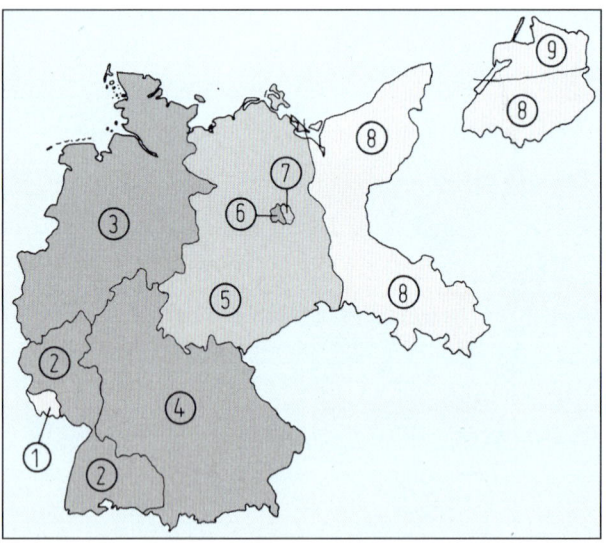

7 Für Berlin galt bis zur Wiedervereinigung der „Viermächtestatus". Erklären Sie diese Aussage.

a) Teilung Berlins in vier Sektoren
b) Kontrolle Berlins durch eine gemeinsame Kommandantur der vier Siegermächte

8 Aus welchen Gebieten wurden als Ergebnis des Potsdamer Abkommens über zwölf Millionen Deutsche vertrieben?

a) Aus den Ostgebieten (frühere deutsche Gebiete östlich der Flüsse Oder und Neiße)
b) aus der Tschechoslowakei
c) aus Ungarn

Besatzungspolitik

9 Das Potsdamer Abkommen sah unter anderem vor, dass Deutschland als wirtschaftliche Einheit behandelt werden sollte.
Warum hielten sich die Besatzungsmächte nicht an diese Vereinbarung?

Das Potsdamer Abkommen wurde von den Besatzungsmächten unterschiedlich ausgelegt, da sie jeweils eine andere Deutschlandpolitik verfolgten. Weitgehende Übereinstimmung in der Deutschlandpolitik gab es nur zwischen den USA und Großbritannien.

10 Welche Folgen ergaben sich aus den unterschiedlichen deutschlandpolitischen Vorstellungen der Siegermächte für Deutschland?
Nennen Sie drei Folgen.

a) Unterschiedliche Entwicklung in den Besatzungszonen
b) Erschwerung der Arbeit des Kontrollrates
c) Verfestigung der Zonengrenzen innerhalb Deutschlands
d) Ausweitung des Konflikts zum Kalten Krieg.

11 Fragen, die ganz Deutschland betrafen, entschied der Alliierte Kontrollrat.
Wie setzte sich dieser Alliierte Kontrollrat zusammen?

Mitglieder des Alliierten Kontrollrats waren die Militärbefehlshaber der vier Besatzungszonen (amerikanische sowjetische, britische, französische Besatzungszone).

12 Warum zerbrach die gemeinsame alliierte Verwaltung für ganz Berlin und für Deutschland?

Zwischen der Sowjetunion und den Westmächten entwickelten sich unterschiedliche machtpolitische und ideologische Vorstellungen.

13 Nennen Sie die wichtigsten Schritte, die zur Bildung der Bundesrepublik Deutschland führten.

Schritte, die zur Bildung der Bundesrepublik Deutschland führten:

① **November/Dezember 1946:**
erste Landtagswahlen

② **1. Januar 1947:**
Bildung der Bizone

③ **20. Juni 1948:**
Währungsreform und Einführung der sozialen Marktwirtschaft

④ **6. Juli 1948:**
Erweiterung der Bizone zur Trizone

⑤ **1. September 1948:**
Zusammentreten des Parlamentarischen Rates: Verfassung ausarbeiten

14 Welche Besatzungszonen gehörten zur Bizone?

   amerikanische Besatzungszone
+ britische Besatzungszone
‾‾‾‾‾‾‾‾‾‾‾‾‾‾‾‾‾‾‾‾‾‾‾‾‾‾‾‾‾‾
= Bizone

15 An welchen Maßnahmen innerhalb der Besatzungszonen kann man erkennen, dass eine Auseinanderentwicklung noch vor der Gründung der Bundesrepublik Deutschland und der DDR stattfand?

a) **Sowjetische Besatzungszone, z. B.:**
   – Enteignungen und Verstaatlichungen
   – Bodenreform
   – Bildung der Einheitspartei SED aus den früheren Parteien SPD und KPD

b) **Westzonen, z. B.:**
   – Vereinigung der Besatzungszonen zur Bi- und später zur Trizone
   – Herstellung von Pluralismus durch Zulassung demokratischer Parteien
   – Währungsreform (Einführung der DM)

16 Wie heißt die Währung, die bei der Währungsreform am 20. Juni 1948 neu eingeführt wurde?

Deutsche Mark (DM)

17 In welchem Verhältnis wurde das Altgeld (RM) in neue DM umgetauscht?

Umtauschverhältnisse bei der Währungsreform 1948:

a) **1 RM = 1 DM**
   für 60,– DM Sockelbetrag je Einwohner in zwei Etappen
   (1. Etappe 40,– DM „Kopfgeld")   →

▷ *Fortsetzung der Antwort* ▷

b) **1 RM = 1 DM**
für Löhne, Gehälter, Mieten und Renten

c) **100 RM = 6,50 DM**
für weitere Guthaben

d) Forderungen gegen das frühere Deutsche Reich wurden in der Regel nicht umgestellt, sie wurden wertlos.

18 Am 6. Juli 1948 wurde die Bizone zur Trizone erweitert. Aus welchen Besatzungszonen bestand die Trizone?

>   amerikanische Besatzungszone
> \+ britische Besatzungszone
> \+ französische Besatzungszone
> ———————————————
> = Trizone

19 Am 1. September 1948 trat in Bonn der Parlamentarische Rat zusammen. Welche Aufgabe hatte der Parlamentarische Rat?

Ausarbeitung einer Verfassung

20 An welchem Tag hat der Parlamentarische Rat das Grundgesetz für die Bundesrepublik Deutschland verabschiedet?

Am 8. Mai 1949 verabschiedete der Parlamentarische Rat das Grundgesetz mit 53 gegen 12 Stimmen.

Parlamentarischer Rat: Die mit „Ja" stimmenden Abgeordneten nach der Annahme des Grundgesetzes am 8. Mai 1949.

21 Wann trat das Grundgesetz in Kraft?

Das Grundgesetz wurde am 23. Mai
1949 verkündet und trat mit Ablauf
dieses Tages in Kraft.

22 An welchem Tag wurde
die DDR proklamiert?

Am 7. Oktober 1949

23 Aus den vier Besatzungszonen entstanden 1949 zwei
neue deutsche Staaten (siehe
nachfolgende Karte).
a) Wie heißen diese Staaten?
b) Nennen Sie jeweils das
genaue Gründungsdatum.
c) Welche Besatzungsmächte
haben die Gründung dieser
Staaten beeinflusst?

1. a) **Bundesrepublik Deutschland**
   b) **Gründung am 23. Mai 1949**
   c) – USA
       – Großbritannien
       – Frankreich

2. a) **Deutsche Demokratische
   Republik**
   b) **Gründung am 7. Oktober 1949**
   c) – Sowjetunion

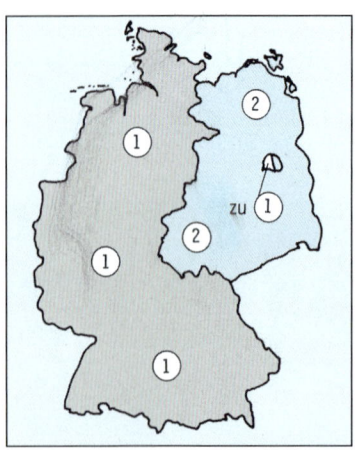

24 Welcher Konflikt wird
mit dem Begriff „Kalter Krieg"
bezeichnet?

Die Gegensätze zwischen den westlichen
Siegermächten (marktwirtschaftlich
orientiert) und der UdSSR (kommunistisch
regiert) brachen wieder auf, als es darum
ging, die politischen und wirtschaftlichen
Verhältnisse in den Besatzungszonen neu
zu ordnen.

25 Welche unterschiedlichen Ziele verfolgten dabei die Großmächte?

a) **Westen:** Forderung nach Demokratie und freiem Welthandel

b) **Osten:** Expansionsstreben und Einsetzung kommunistischer Regierungen in Osteuropa

26 Welcher Mittel bedienten sich die Großmächte während des Kalten Krieges?

– Diplomatische Auseinandersetzungen
– Propaganda
– Bündnisse mit anderen Staaten
– wirtschaftliche Kampfmaßnahmen
– Wettrüsten
– Kriegsdrohungen

27 Begründen Sie, warum es zwischen den beiden deutschen Staaten Spannungen und zahlreiche Krisen gab.

Nennen Sie zusätzlich drei Krisenereignisse.

Begründung der Spannungen und Krisen:

Die beiden deutschen Staaten entfernten sich immer mehr voneinander, weil die Bundesrepublik Deutschland in das westlich-demokratische System eingegliedert wurde, während die DDR Bestandteil des östlich-kommunistischen Systems werden musste. Beide Systeme standen sich feindlich gegenüber, ihre Wirtschaftssysteme konkurrierten miteinander und es gab ein militärisches Wettrüsten. Das führte zwangsläufig zu vielen Spannungen und Krisen.

Beispiele für Krisenereignisse:

a) Berlinblockade 1948/49
b) Volksaufstand in Ostberlin und der DDR am 17. Juni 1953
c) Berlinultimatum 1958
d) Mauerbau am 13. August 1961

28 Aufgrund des Ost-West-Gegensatzes gab es mehrere Berlin-Krisen.

Zählen Sie die wichtigsten Berlin-Krisen auf und nennen Sie die entsprechenden Jahreszahlen.

Berlin-Krisen:

a) Berliner Blockade (1948–1949)
b) Aufstand im sowjetischen Sektor Berlins und in der DDR am 16. und 17. Juni 1953
c) Berlin-Ultimatum der Sowjetunion (27. 11. 1958)
d) Bau der Berliner Mauer am 13. August 1961

29 Erklären Sie den Begriff Berliner Blockade.

Berliner Blockade (1948–1949):
= Sperrung aller Land- und Wasserwege zwischen Berlin und Westdeutschland

30 a) Welches Ziel wollte die Sowjetunion durch die Berliner Blockade erreichen?
b) Wie haben die Westmächte auf diese Herausforderung reagiert?

a) Abzug der Westmächte aus Berlin und Verhinderung der Währungsreform in den Westzonen
b) Zur Versorgung Berlins richteten die Westmächte eine Luftbrücke ein

31 Welche einschneidenden Ereignisse sind mit den folgenden Daten für Berlin verbunden?
a) 17. Juni 1953
b) 13. August 1961

a) **17. Juni 1953:**
= Volksaufstand in Ostberlin und der DDR
b) **13. August 1961:**
= Bau der Berliner Mauer

32 Welche Ziele wollte ein großer Teil der Bevölkerung der DDR durch den Volksaufstand vom 17. Juni 1953 durchsetzen?
Nennen Sie drei Ziele.

Einige Forderungen der Streikenden waren:
a) Rücktritt der Regierung der DDR, die nicht durch freie Wahlen an die Macht kam
b) Einsetzung einer provisorischen Regierung
c) Zulassung der großen demokratischen Parteien der Bundesrepublik in der DDR
d) Einführung von demokratischen Wahlen
e) Abschaffung der Zonengrenze und Rückzug der Grenztruppen
f) Normalisierung des Lebensstandards
g) keine Bestrafung der Streikenden

33 Wie reagierte die DDR-Führung auf den Volksaufstand in der DDR und im sowjetischen Sektor Berlins am 16. und 17. Juni 1953?

Reaktionen der DDR-Führung:
a) Einsatz von sowjetischem Militär und Volkspolizei
b) verstärkte Propaganda
c) Verurteilung (teilweise sogar Todesstrafe) zahlreicher Personen, die am Volksaufstand beteiligt waren.

34 **Warum wurde die Berliner Mauer gebaut? Nennen Sie zwei Gründe.**

a) Vertiefung der Spaltung Deutschlands

b) Schwächung der Wirtschaft im Westteil Berlins

c) Verhinderung der Flucht von Bewohnern der DDR in den Westen

d) Stabilisierung des Systems in der DDR

35 **Erklären Sie den Begriff „Schießbefehl" im Zusammenhang mit der Berliner Mauer.**

Schießbefehl für die DDR-Grenztruppe: Wer die frühere DDR ohne Erlaubnis der Behörden verlassen wollte, wurde von der Grenztruppe daran gehindert – auch durch gezielten Schusswaffengebrauch (insg. 125 „Mauertote").

36 **Erklären Sie die Begriffe „Westintegration" und „Ostintegration"**

Nach der Gründung beider deutscher Staaten schlossen sich die Bundesrepublik Deutschland und die DDR den jeweiligen wirtschaftlichen und militärischen Bündnissystemen an.

37 **Nennen Sie wichtige Stationen der Westintegration.**

– 1949 Beitritt zum **Europarat**
– 1952 Gründung der **EGKS** (Europäische Gemeinschaft für Kohle und Stahl)
– 1955 Beitritt zur **NATO**
– 1957 Gründung der **EWG** (Europäische Wirtschaftsgemeinschaft)

38 **Weshalb kam es in den westlichen Besatzungszonen sehr schnell zu einem Wirtschaftswunder?**

– Zusammenschluss der Westzonen zur Trizone als einheitliches Wirtschaftsgebiet
– Währungsreform 1948
– Wirtschaftshilfe des Marshallplanes
– Einführung der sozialen Marktwirtschaft

39 **Welche Auswirkungen waren mit diesem Wirtschaftswunder verbunden?**

– stabile Währung
– Vollbeschäftigung
– Anwerbung ausländischer Arbeitskräfte
– Lohnsteigerungen und damit höherer Wohlstand
– Mitbestimmungsrechte für Arbeitnehmer im Betrieb

40 Nennen Sie Gründe, weshalb es in der sowjetisch besetzten Zone nicht ebenfalls zu einem Wirtschaftswunder kam.

- Ablehnung des Marshallplanes durch die Sowjetunion
- Verstaatlichungen
- Demontage und hohe Reparationszahlungen
- Einführung der Planwirtschaft

Einheit im Rahmen der internationalen Entspannung, Ostverträge

41 Weshalb änderte sich in den 60er-Jahren die Ostpolitik der Westmächte?

Die Krisen des Kalten Krieges, insbesondere die Kuba-Krise, brachten die Weltmächte an den Rand eines 3. Weltkrieges. Deshalb war man bemüht, Spannungen abzubauen.

42 Zur Entspannung der Situation Berlins wurden wichtige Verträge und Abkommen geschlossen.
Um welche Verträge und Abkommen handelt es sich?

a) Viermächteabkommen über Berlin
b) Abkommen über den Transitverkehr

43 Am 3. September 1971 wurde das Viermächteabkommen geschlossen.
a) Welche Mächte waren daran beteiligt?
b) Nennen Sie zwei Inhaltspunkte dieses Abkommens.

a) – UdSSR
– USA
– Großbritannien
– Frankreich
b) – Die Bindungen zwischen Westberlin und Westdeutschland wurden von der UdSSR anerkannt.
– Die Bevölkerung Westberlins durfte wieder zu Besuchen in den Ostteil der Stadt.
– Regelungen über den freien Zugang von und nach Berlin durch das Gebiet der ehemaligen DDR.

44 Nennen Sie die Vertragspartner des Abkommens über den Transitverkehr.

a) Bundesrepublik Deutschland
b) DDR

45 Begründen Sie, warum das Abkommen über den Transitverkehr für Westberlin besonders wichtig war.

Bedingt durch seine geopolitische Lage (umgeben vom Staatsgebiet der früheren DDR), war Westberlin auf die Versorgung aus Westdeutschland und somit auf den Transitverkehr durch die ehemalige DDR angewiesen.

46 Am 21. Dezember 1972 wurde der Grundvertrag (Grundlagenvertrag) abgeschlossen.
a) Nennen Sie die Vertragspartner.
b) Wozu verpflichteten sich die vertragschließenden Parteien?
Nennen Sie drei Beispiele.

a) Bundesrepublik Deutschland und Deutsche Demokratische Republik
b) – Herstellung von gutnachbarlichen Beziehungen auf der Grundlage der Gleichberechtigung
– Achtung der Grenzen des anderen Staates
– Achtung gegenseitiger Selbstständigkeit und Unabhängigkeit
– gegenseitiger Austausch von ständigen Vertretungen
– Lösung von Streitfragen mit friedlichen Mitteln

47 Nach dem Abschluss des Grundlagenvertrags konnten die beiden deutschen Staaten in eine internationale Organisation aufgenommen werden.
Wie heißt diese Organisation?

Am 18. 9. 1973 wurden die Bundesrepublik Deutschland und die Deutsche Demokratische Republik Mitglieder der Vereinten Nationen (UNO).

48 Zwischen der Bundesrepublik Deutschland und der DDR gab es auch nach dem Abschluss des Grundlagenvertrags viele Probleme.
Nennen Sie drei Probleme.

a) Schießbefehl an der innerdeutschen Grenze und der Berliner Mauer
b) Berlinproblem
c) Die DDR wollte eine eigene Staatsbürgerschaft durchsetzen

49 Welche Verträge hat die Bundesrepublik Deutschland im Rahmen ihrer Entspannungsbemühungen mit früheren Ostblockstaaten abgeschlossen?

Ostverträge:
1970 Moskauer Vertrag
1970 Polenvertrag
1972 Grundlagenvertrag
1973 ČSSR-Normalisierungsvertrag

50 Um welche wesentlichen Inhalte ging es bei den Ostverträgen?	– Gutnachbarschaftliche Beziehungen – Lösung ihrer Streitfragen mit ausschließlich friedlichen Mitteln – Anerkennung der bestehenden Grenzen
51 Welches gemeinsame Ziel hatten die Ostverträge?	– einen Beitrag zur Entspannung zwischen Ost und West zu leisten – praktische Fragen der Zusammenarbeit zu regeln – menschliche Erleichterungen durchzusetzen
52 Welche praktischen Auswirkungen brachten die gutnachbarschaftlichen Beziehungen zwischen beiden deutschen Staaten in den Jahren 1972 bis 1989?	– freie Zufahrt von der Bundesrepublik durch das Gebiet der DDR nach West-Berlin für den Personen- und Güterverkehr (Bau von Transitstrecken) – Besuchsmöglichkeiten für Westberliner im Ostteil der Stadt – Rentner der DDR dürfen die Bundesrepublik besuchen – Familienzusammenführungen wurden möglich – Entstehung von Städtepartnerschaften

Einheit im Rahmen der internationalen Entspannung, friedliche Revolution in der DDR

53 Weshalb war die friedliche Revolution 1989 in der DDR möglich?	1988 erklärte der sowjetische Staats- und Parteichef Gorbatschow, dass sich die UdSSR nicht mehr in die Angelegenheiten der Verbündeten einmischen werde. Die Folgen: – Reformen in Polen und Ungarn – Entstehung von Oppositionsgruppen in der DDR – gewaltfreie Demonstrationen in der DDR
54 Wodurch wurde im Sommer bzw. Herbst des Jahres 1989 die friedliche Revolution in der DDR eingeleitet?	Durch die Massenflucht aus der DDR. Weit über 100 000 DDR-Bürger flohen über Ungarn, die Tschechoslowakei und Polen in den Westen.

55 Welche Ursachen hatte die Revolution in der DDR?
Nennen Sie fünf Ursachen.

a) Unterdrückung der Meinungsfreiheit
b) Einschränkung der Freizügigkeit
c) Bevormundung der Bevölkerung durch die SED
d) Bespitzelung durch die Stasi
e) Kriminalisierung Andersdenkender
f) mangelhafte Versorgung der Bevölkerung
g) Krise in der DDR-Wirtschaft

56 Auf welche Weise bekundeten große Teile der DDR-Bevölkerung ihre Unzufriedenheit mit dem DDR-Regime?

Ab dem 25. September 1989 fanden in vielen Städten der DDR immer häufiger Demonstrationen mit wachsenden Teilnehmerzahlen statt.

57 Nennen Sie einige Aufschriften, die auf den Transparenten (Spruchbändern) der Demonstranten zu lesen waren.

a) „Wir sind das Volk"
b) „Stasi in die Produktion"
c) „Demokratie, jetzt oder nie"
d) „Deutschland einig Vaterland"
e) „Wiedervereinigung jetzt"

58 Durch die steigenden Flüchtlingszahlen und die andauernden Demonstrationen geriet die Staatsführung der DDR unter starken politischen Druck.
Wie reagierte die DDR-Führung auf diesen Druck?

Die DDR-Führung öffnete am 9. November 1989 die Grenzübergänge nach Westberlin und zur Bundesrepublik Deutschland.

59 Welche Ursachen führten ab Sommer 1989 zum Zusammenbruch des DDR-Systems?
Finden Sie zwei Ursachen heraus.

a) Reformkurs des sowjetischen Staats- und Parteichefs Gorbatschow
b) Reformen in den Ostblockstaaten Polen und Ungarn
c) Fluchtwelle in der Bevölkerung
d) Massendemonstrationen in vielen Städten der DDR
e) Entstehung einer Opposition

Einheit im Rahmen der internationalen Entspannung, Schritte zur Verwirklichung der Einheit

<u>60</u> Nennen Sie die wichtigsten Stationen auf dem Weg zur Wiedervereinigung.

– Öffnung der Berliner Mauer am 9. 11. 1989.
– Demonstrationen verfolgen das Ziel der Wiedervereinigung.
– Erstmals freie Wahlen in der DDR im März 1990.
– Das Wahlbündnis „Allianz für Deutschland" siegt und Ministerpräsident de Maizière setzt sich für den raschen Beitritt der DDR zur Bundesrepublik ein, den das Grundgesetz im Artikel 23 vorsah.
– Der Staatsvertrag über die Schaffung einer Wirtschafts-, Währungs- und Sozialunion tritt am 1. Juli 1990 in Kraft.
– Der Einigungsvertrag wird am 20. September 1990 von beiden Parlamenten verabschiedet.
– Erste gesamtdeutsche Wahl am 2. Dezember 1990.

<u>61</u> Welche Umbenennungen des Parteinamens gab es bei der SED seit der Öffnung der Berliner Mauer?

a) Ab 17. 12. 1989: SED – PDS*)
b) ab 4. 2. 1990: nur noch PDS
c) ab Juli 2005: Die Linkspartei.PDS (Die Linke.PDS)
d) ab 16. Juni 2007: Die Linke

*) PDS = Partei des Demokratischen Sozialismus

<u>62</u> a) Wann fanden in der früheren DDR die ersten freien Wahlen zur Volkskammer statt?
b) Wer wurde (am 12. 4. 1990) zum neuen Ministerpräsidenten gewählt?

a) Am 18. März 1990
b) Lothar de Maizière

<u>63</u> Nennen Sie die Inhalte des ersten Staatsvertrages vom 1. Juli 1990 zwischen beiden deutschen Staaten.

Schaffung einer
– Wirtschaftsunion
– Währungsunion
– Sozialunion

64 Welche Umtauschkurse (DM : Mark) galten bei der Einführung der DM in Ostdeutschland für
a) Löhne, Gehälter, Mieten, …
b) Bankguthaben, die bestimmte Freigrenzen überstiegen?

a) 1 DM = 1 DDR-Mark
b) 1 DM = 2 DDR-Mark

65 Laut Staatsvertrag für die Wirtschaftsunion musste die DDR die Voraussetzungen für die soziale Marktwirtschaft schaffen.
Nennen Sie fünf Voraussetzungen für die soziale Marktwirtschaft.

Voraussetzungen für die soziale Marktwirtschaft:
a) Privateigentum an Produktionsmitteln
b) freier Wettbewerb
c) Gewerbefreiheit
d) freie Preisbildung am Markt
e) freier Warenverkehr
f) freier Kapitalverkehr
g) freie Wahl des Arbeitsplatzes
h) marktwirtschaftliches Steuer-, Finanz- und Haushaltswesen
i) Einbringung der DDR-Landwirtschaft in das EU-Agrarsystem

66 Welche sozialen Einrichtungen mussten, bedingt durch die Sozialunion in der DDR, neu geschaffen werden?

a) Rentenversicherung
b) Krankenversicherung
c) Arbeitslosenversicherung
d) Unfallversicherung
e) Sozialhilfe

67 Nennen Sie fünf arbeitsrechtliche Regelungen, die, bedingt durch die Sozialunion, in der DDR neu eingeführt werden mussten.

a) Streikrecht
b) Mitbestimmung
c) Betriebsverfassung
d) Kündigungsschutz
e) Koalitionsfreiheit
f) Tarifautonomie

68 Welche Einrichtung wurde für die früheren volkseigenen Betriebe und Kombinate verantwortlich?

Die Treuhandanstalt in Berlin

69 Nennen Sie die drei wichtigsten Aufgaben der Treuhandanstalt.

Aufgaben der Treuhandanstalt:
a) Verkauf der ehemals volkseigenen Betriebe
b) Sanierung geeigneter Betriebe
c) Schließung nicht sanierungsfähiger Betriebe

70 Welche Problembereiche mussten oder müssen im Zusammenhang mit der Wiedervereinigung Deutschlands geregelt werden?

a) **Außenpolitische Problembereiche, z. B.:**
   – Anerkennung der Oder-Neiße-Grenze als endgültige deutsche Ostgrenze
   – Stellung Deutschlands in der NATO, Europäischen Union, UNO
   – Entlassung der DDR aus dem Warschauer Pakt
   – Regelung der deutschen Souveränität

b) **Innenpolitische Problembereiche, z. B.:**
   – Rechtsangleichung
   – Einführung der DM in der DDR
   – Überführung der DDR-Planwirtschaft in die soziale Marktwirtschaft
   – Einführung des bundesdeutschen Sozialsystems in der DDR
   – Privatisierung der Staatsbetriebe
   – Aufarbeitung der DDR-Vergangenheit (Stasi-Akten)

71 Die frühere DDR und die alte Bundesrepublik Deutschland gehörten verschiedenen Bündnissystemen an. Innerhalb welcher Gespräche wurden die damit zusammenhängenden außenpolitischen Fragen gelöst?

Durch die „2+4-Gespräche"

72 Welche sechs Staaten waren an den „2+4-Gesprächen" beteiligt?

Teilnehmer an den „2+4-Gesprächen"	
(2) +	Bundesrepublik Deutschland DDR
(4)	UdSSR USA Frankreich Großbritannien

73 Am 12. September 1990 wurden die „2+4-Gespräche" abgeschlossen, und zwar mit dem Vertrag über die abschließende Regelung in Bezug auf Deutschland (abschließende Deutschlandregelung).

Nennen Sie wichtige Punkte dieser abschließenden Deutschlandregelung (= 2+4-Gespräche).

Abschließende Deutschlandregelung (= Ergebnisse der 2+4-Gespräche):

a) Deutschland verzichtet auf Gebietsansprüche.

b) Die polnische Westgrenze wird als völkerrechtlich verbindlich anerkannt.

c) Deutschland bekennt sich zu seiner Verantwortung für den Frieden und zum Gewaltverzicht.

d) Die deutschen Streitkräfte (Bundeswehr) werden mittelfristig (bis 1995) auf 370 000 Mann begrenzt.

e) Deutschland bekräftigt seinen Verzicht auf Atomwaffen.

f) Die sowjetischen Truppen in Ostdeutschland werden bis Ende 1994 abgezogen.

g) Deutschland bleibt in der NATO.

h) Deutschland erhält die uneingeschränkte Souveränität.

74 Welche grundlegende Bedeutung hat der 2+4-Vertrag für Deutschland?

Dieser Vertrag hat die Bedeutung eines Friedensvertrages mit den Siegermächten des 2. Weltkrieges und zieht einen Schlussstrich unter die Nachkriegszeit. Deutschland erhielt die volle Souveränität zuerkannt.

75 In welchem Vertrag haben die beiden deutschen Staaten die Bedingungen der endgültigen Wiedervereinigung festgelegt?

Im Vertrag zwischen der Bundesrepublik Deutschland und der DDR über die Herstellung der Einheit Deutschlands (**Einigungsvertrag**).

76 Nennen Sie grundlegende Bestimmungen des Einigungsvertrages.

Einigungsvertrag

- **Beitritt** der DDR zur Bundesrepublik Deutschland am 3. Oktober 1990
- **3. Oktober** wird Tag der Deutschen Einheit
- Das **Grundgesetz** (GG) und die Gesetze der Bundesrepublik Deutschland gelten für das gesamte deutsche Volk
- **Hauptstadt** Deutschlands ist Berlin
- Die Volkskammer entsendet 144 Abgeordnete in den **Bundestag**
- Die Stimmenverteilung im **Bundesrat** wird neu geregelt
- Die Verträge über die **Europäische Gemeinschaft** gelten für ganz Deutschland
- **Stasi-Akten** müssen auf dem Gebiet der ehemaligen DDR verbleiben

77 Der „Tag der Deutschen Einheit" wird auch im wiedervereinigten Deutschland gefeiert, lediglich das Datum hat sich gegenüber der alten Bundesrepublik geändert.

Aus welchem Anlass wurde
a) der alte und wird
b) der neue Nationalfeiertag begangen?

a) **17. Juni 1953** –
Volksaufstand in Ostberlin und der DDR

b) **3. Oktober 1990** –
Wiedervereinigung Deutschlands durch den Beitritt der DDR zur Bundesrepublik Deutschland nach Art. 23 GG

78 Das Deutschlandlied ist die Nationalhymne der Bundesrepublik Deutschland. Seine dritte Strophe*) wird bei offiziellen Anlässen gesungen.

Von wem stammen
a) der Text und
b) die Musik
des Deutschlandliedes?

Deutschlandlied:
a) Text von August Heinrich Hoffmann (genannt Hoffmann von Fallersleben)
b) Musik von Joseph Haydn

---
*)

79 Bedingt durch die Wiedervereinigung gelten für die Fläche und die Bevölkerung Deutschlands neue Zahlen.

Wie lauten diese Zahlen?

a) Fläche: 357 000 km^2
b) Bevölkerungszahl: 81,84 Millionen
(Stand: 1. 1. 2012)

80 Warum vollzieht sich die Verwirklichung der deutschen Einheit relativ langsam?

Nennen Sie drei Gründe.

Zum Beispiel:
a) Vergangenheitsbewältigung
b) „Ossi-Wessi"-Vorurteile
c) ungeklärte Eigentumsverhältnisse
d) schwache Weltkonjunktur erschwert die wirtschaftliche Angleichung

81 Nach der Wiedervereinigung gab es immer noch Probleme, die gelöst werden mussten.

Beschreiben Sie zwei solcher Probleme.

a) **Bereinigung der Altlasten:**
   – Umweltverschmutzung
   – Stasivergangenheit
   – Mauerschützen

$\rightarrow$

▷ *Fortsetzung der Antwort* ▷

b) **Offene Eigentumsfragen:**
Grundsätzlich gilt: „Rückgabe vor Entschädigung", d. h., alle Vermögenswerte, die nach 1949 in der DDR enteignet wurden, sollen an die Alteigentümer zurückgegeben werden.

82 **Welche Auswirkungen hatte das Prinzip „Rückgabe vor Entschädigung"?**

a) **Investitionshemmnis:**
Investoren waren bis zur Klärung der Eigentumsverhältnisse nicht bereit, auf den entsprechenden Grundstücken ihre Vorhaben zu verwirklichen.

b) **Rechtsunsicherheit bei privaten Hauseigentümern:**
Es kam zu gerichtlichen Auseinandersetzungen zwischen Neu- und Alteigentümern über Grundstücke und Häuser.

83 **Viele junge Menschen verlassen bis heute Ostdeutschland, um nach Westdeutschland zu gehen.**
Erläutern Sie zwei mögliche Hintergründe.

a) **Wirtschaftliche Hintergründe:**
– Hohe Arbeitslosigkeit, da viele unrentable ehemals volkseigene Betriebe geschlossen wurden.
– Es entstehen kaum Arbeitsplätze im ländlichen Raum.
– Vorhandene Arbeitsmöglichkeiten in der Landwirtschaft sind weggefallen (Rationalisierung, Agrar-Überschüsse der EU).

b) **Persönliche Hintergründe:**
– Fehlende Ausbildungsplätze.
– Junge Menschen sind flexibler, mobiler, ungebundener.
– Verlockungen westdeutscher Städte (Freizeitangebot).
– Man erhofft sich im Westen eine schnellere Karriere, mehr Geld und mehr Luxus.

Gefahren für die Demokratie durch totalitäre Ideologien

■ **Weimarer Republik – Politische und wirtschaftliche Belastungen**

84 Am 9. November 1918 trat das deutsche Staatsoberhaupt von seinem Amt zurück.
a) Wie hieß dieses deutsche Staatsoberhaupt?
b) Welche <u>Staatsform</u> hatte Deutschland <u>bis zum Rücktritt</u> dieses Staatsoberhaupts?
c) Welche <u>Staatsform</u> hatte Deutschland <u>nach dem Rücktritt</u> dieses Staatsoberhaupts?

a) Kaiser Wilhelm II. (1859–1941)
b) Monarchie (Kaiserreich)
c) Republik

85 Im Anschluss an den 1. Weltkrieg wurde zwischen dem 18. Januar und dem 28. Juni 1919 ein Friedensvertrag ausgehandelt.
Wie heißt dieser Friedensvertrag?

Versailler Friedensvertrag

86 Warum wurde der Versailler Friedensvertrag „Diktatfrieden" genannt?

An der Aushandlung des Friedensvertrages waren keine Vertreter Deutschlands beteiligt.

87 Welche Folgen hatte der Versailler Vertrag für das deutsche Militär?
Nennen Sie zwei Folgen.

a) Entwaffnung des Deutschen Reiches
b) Abschaffung der Wehrpflicht
c) Schaffung einer Berufsarmee (Reichswehr) zur Aufrechterhaltung der inneren Ordnung mit insgesamt 115 000 Soldaten (100 000 Heer und 15 000 Marine)

88 Am 19. Januar 1919 wurde die deutsche Nationalversammlung gewählt.

a) In welcher Stadt des Deutschen Reiches trat diese Nationalversammlung zusammen?

b) Warum trat sie nicht in Berlin, der Hauptstadt Deutschlands, zusammen?

a) Weimar

b) In Berlin herrschten revolutionäre Zustände, und es bestand die Gefahr, dass radikale Gruppen versuchen würden, Druck auf die Abgeordneten der Nationalversammlung auszuüben.

89 Der erste Reichspräsident der Weimarer Republik, Friedrich Ebert, starb 1925. Wer wurde von der wahlberechtigten Bevölkerung zum neuen Reichspräsidenten gewählt?

Paul von Hindenburg

90 Warum war die Weimarer Republik außenpolitisch isoliert?

Der Versailler Friedensvertrag wies Deutschland neben Österreich-Ungarn die Alleinschuld am Ausbruch des 1. Weltkriegs zu. Aus diesem Grund wollte kein Staat mehr etwas mit Deutschland zu tun haben.

91 Die Errichtung der Diktatur Hitlers ist durch Mängel der Weimarer Verfassung sehr erleichtert worden.

Nennen Sie drei dieser Mängel.

a) keine 5 %-Klausel bei Reichstagswahlen

b) Reichstagswahlen wurden nach dem Verhältniswahlrecht (Mehrheitswahl) durchgeführt

c) Direktwahl des Reichspräsidenten führt zu großer Machtfülle

d) Reichspräsident kann mit Notverordnung regieren

92 Warum wurde die deutsche Wirtschaft durch den Versailler Friedensvertrag stark geschwächt?

Nennen Sie zwei Gründe.

a) Enteignung des deutschen Vermögens im Ausland

b) Auslieferung der deutschen Handelsflotte an die Siegermächte

c) Lieferung von 25 Mio. t Kohle jährlich an die Sieger

d) Zahlung von Reparationen (Wiedergutmachung)

93 Durch den Versailler Friedensvertrag wurden die Grenzen des Deutschen Reiches verändert. Die folgende Karte zeigt Deutschland in den Grenzen von 1917. Die aufgrund des Versailler Vertrags abgetrennten Gebiete, sind mit den Zahlen ① bis ⑨ gekennzeichnet.

Stellen Sie fest, welche Gebiete abgetrennt wurden.

① Elsass-Lothringen
② Saarland
③ Eupen-Malmedy
④ Nordschleswig
⑤ Memelland
⑥ Danzig
⑦ Westpreußen und Posen
⑧ Teile Oberschlesiens
⑨ Hultschiner Ländchen

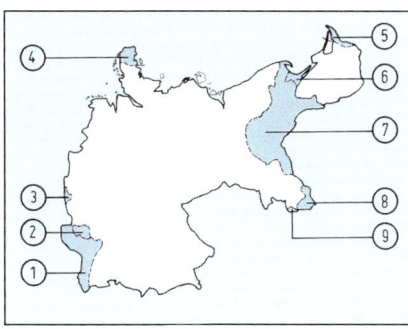

94 Welche Folgen hatten die wirtschaftlichen Schwierigkeiten für die Währung des Landes?

Zur Finanzierung der Folgekosten des Krieges wurde Geld gedruckt. Diese enorme Zunahme der Geldmenge führte zu einer Inflation, die 1923 durch eine Währungsreform beendet wurde.

95 Die durch die Kriegswirtschaft (1914 bis 1918) eingeleitete und durch die Reparationsleistungen noch verstärkte Inflation wurde am 15. 11. 1923 durch eine Währungsreform beendet.

a) Wie hieß die neue Währung?

b) In welchem Verhältnis wurde die alte Währung in neue Währung umgetauscht?

a) Renten-Mark

b) 1 Billion Mark
   (1 000 000 000 000)
   = 1 Renten-Mark

96 a) Wodurch wurde die Weltwirtschaftskrise ausgelöst?

b) Wie wirkte sich die Weltwirtschaftskrise auf den Arbeitsmarkt in Deutschland aus?

a) „Schwarzer Freitag";
= Börsenkrach in New York am 25. 10. 1929

b) Zahlreiche Unternehmen gingen durch die Rückforderung von Krediten aus den USA in Konkurs.
6 Millionen Arbeitnehmer waren von der Massenarbeitslosigkeit betroffen.

97 Wodurch wurde die Weimarer Republik stark belastet?

a) wirtschaftlich
b) politisch

a) **Wirtschaftliche Belastungen:**
– Gebietsverluste
– Reparationen
– Inflation von 1923
– Weltwirtschaftskrise 1929

b) **Politische Belastungen:**
– Versailler Friedensvertrag
– Verfassungsschwächen (Parteien gegen die Verfassung waren erlaubt)
– Splitterparteien erschwerten die Regierungsbildung (20 Regierungen in 14 Jahren)
– innenpolitische Unruhen

98 Welche Lehren haben die Väter des Grundgesetzes aus den Schwächen der Weimarer Verfassung gezogen?

– kombiniertes Wahlsystem mit 5-%-Klausel
– konstruktives Misstrauensvotum (Bundeskanzler kann nur durch Wahl eines neuen Kanzlers abgewählt werden)
– Möglichkeit, Grundrechte zum Schutz der Demokratie einzuschränken
– Möglichkeit, verfassungsfeindliche Parteien zu verbieten
– Bundespräsident hat weniger Macht als der Reichspräsident der Weimarer Republik

99 Wie nutzten die Nationalsozialisten die Probleme der Weimarer Republik für ihre Ziele aus?

Hitler versprach:
– Arbeit und Wohlstand
– höhere Gehälter für die Beamten
– Schuldenerlass für die Gewerbetreibenden
– Zerschlagung des Versailler „Schandvertrages"
– Wiederherstellung der Ordnung

100 Bei den Reichstagswahlen 1930 und 1932 hat eine zunehmende Anzahl Wähler die Nationalsozialisten gewählt.

Nennen Sie zwei Gründe für dieses Wahlverhalten.

Zum Beispiel:

a) Bedingt durch die Weltwirtschaftskrise von 1929 nahm die Arbeitslosigkeit stetig zu.

b) Hitler gab die Schuld daran den demokratischen Parteien.

c) Bei zahlreichen Wahlveranstaltungen, die propagandistisch gekonnt durchgeführt wurden, versprach Hitler die Beseitigung der Arbeitslosigkeit.

■ Nationalsozialismus – Rechtsradikalismus

101 Totalitäre Ideologien sind eine Gefahr für jede Demokratie.

Nennen Sie zwei solcher Ideologien.

– Nationalsozialismus
– Kommunismus
– Stalinismus
– Religiöser Extremismus
  (z. B. in Afghanistan, Iran)

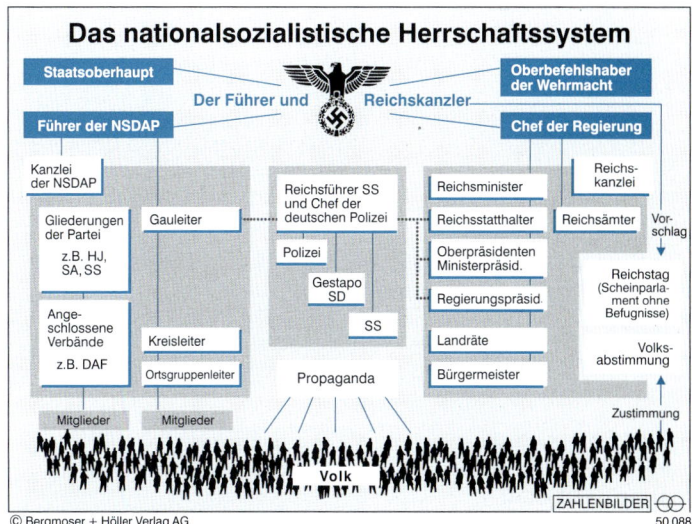

Das nationalsozialistische Herrschaftssystem

© Bergmoser + Höller Verlag AG

ZAHLENBILDER

50 088

102 An welchem Tag kam Adolf Hitler an die Macht?

Adolf Hitler wurde von Reichspräsident Paul von Hindenburg am 30. Januar 1933 zum Reichskanzler ernannt.

103 Wodurch kam Hitler an die Macht?

Nennen Sie drei Gründe.

a) Über 30 Parteien im Reichstag (viele Splitterparteien) führten zur Instabilität der Weimarer Republik.
b) Es kam zu häufigen Regierungswechseln und vielen Neuwahlen.
c) Viele Gruppen der Bevölkerung lebten in wirtschaftlicher Not.
d) Die Weltwirtschaftskrise führte zu noch mehr Arbeitslosigkeit.
e) Die Bevölkerung glaubte den Versprechungen Hitlers, diese Zustände zu ändern.

104 Durch welche Maßnahmen festigten die Nationalsozialisten nach der Machtergreifung vom 30. Januar 1933 ihre Macht?

Zum Beispiel:
a) Aufhebung der Gewaltenteilung (Ermächtigungsgesetz)
b) Aufhebung der Grundrechte (Notverordnung zum Schutz von Volk und Staat)
c) Ausschaltung politischer Gegner (Verbot von Parteien und Gewerkschaften)
d) Gleichschaltung der Länder (Auflösung der Länderparlamente und des Reichsrates)
e) Errichtung von Konzentrationslagern

105 Nennen Sie zwei Bestandteile der nationalsozialistischen Ideologie.

Ideologie des Nationalsozialismus:
a) Nationalismus
b) Rassismus
c) Führerstaat
d) Erweiterung des Lebensraumes

106 Welche „Antihaltungen" waren Bestandteile des Nationalsozialismus?

Nennen Sie zwei Beispiele.

NS-„Antihaltungen":
a) Antisemitismus
b) Antimarxismus
c) Antiliberalismus

107 Bei einigen Jugendlichen findet das nationalsozialistische Gedankengut heutzutage wieder Anhänger.

Nennen Sie drei Gründe hierfür.

Zum Beispiel:
a) Jugendarbeitslosigkeit
b) Ausländerfeindlichkeit
c) Unwissenheit
d) Werteverlust in der Gesellschaft
e) gesellschaftlicher Wandel

108 Durch eine kriegerische Aktion des Deutschen Reiches begann der 2. Weltkrieg.

a) Welches Land wurde militärisch angegriffen?

b) Wann fand dieser Angriff statt?

c) Welche Staaten waren mit dem angegriffenen Land verbündet und wie reagierten sie auf den deutschen Angriff?

a) Polen

b) 1. September 1939

c) Großbritannien und Frankreich erklärten Deutschland den Krieg

109 Welche Kriegsziele hatte Hitler in Osteuropa?

Nennen Sie zwei Kriegsziele.

Kriegsziele in Osteuropa:

a) Ausbeutung der besetzten Gebiete für Deutschland (Rohstoffquellen, Arbeitskräfte)

b) Schaffung von Lebens- und Siedlungsraum für das „übervölkerte" Deutschland

c) Unterwerfung der slawischen Völker gemäß der NS-Rassenlehre

110 In den ersten Kriegsjahren hat die deutsche Armee viele Staaten Europas besetzt.

Nennen Sie fünf Staaten, die besetzt wurden.

a) Norwegen
b) Dänemark
c) Niederlande
d) Belgien
e) Frankreich
f) Jugoslawien
g) Griechenland
h) Teile der UdSSR

111 Durch welche zwei Kriegsereignisse wurde 1943 die Wende des Krieges eingeleitet?

a) Deutsche Niederlage in der Schlacht von Stalingrad

b) Kapitulation der deutschen Truppen in Nordafrika

Propaganda und Erziehung

112 Welche Medien setzte das Ministerium für Volksaufklärung und Propaganda zur Beeinflussung der Bevölkerung ein? Nennen Sie zwei Medien.

a) Filme (Propagandafilme)
b) zensierte Wochenschauen
c) zensierte Rundfunknachrichten (Volksempfänger)
d) zensierte Zeitungen

113 a) Welche Organisationen sollten die Jugendlichen im Sinne des Nationalsozialismus erziehen?
b) In welchem Lebensalter mussten die Jugendlichen in diese Organisationen eintreten?

a) 1. **Jungvolk** bzw. **Jungmädchen**
b) 1. 10 bis 14 Jahre
a) 2. **Hitlerjugend** bzw. **Bund Deutscher Mädchen**
b) 2. 14 bis 18 Jahre
a) 3. **Arbeitsdienst** für Jungen und Mädchen
b) 3. Ab 18 Jahren
a) 4. **Militärdienst**
b) 4. 21 Jahre

114 Welche Ziele verfolgte Hitler mit der Erziehung der Jugend? Nennen Sie drei Ziele.

Zum Beispiel:
a) Begeisterung für das System
b) Körperliche Abhärtung zur Kriegsführung
c) Blinder Gehorsam
d) Verlust der Kritikfähigkeit
e) Verinnerlichung der nationalsozialistischen Weltanschauung

Gleichschaltung und Verfolgung

115 Am 27. Februar 1933 brannte das Reichstagsgebäude in Berlin. Wie reagierte Hitler auf den Reichstagsbrand?

Er beschuldigte die KPD, den Brand gelegt zu haben. Bereits am 28. Februar 1933 trat die Notverordnung „zum Schutz von Volk und Staat" in Kraft, d. h. **die Grundrechte der Bürger wurden außer Kraft gesetzt.**

116 Am 24. März 1933 verabschiedete der Reichstag mit Zweidrittelmehrheit das Ermächtigungsgesetz.
Erklären Sie den Inhalt dieses Gesetzes.

Ermächtigungsgesetz:
= Aufhebung der Gewaltenteilung, d. h., Gesetze der Regierung sind fortan ohne Zustimmung des Parlaments möglich!

117 Wie wurde nach dem Verbot der Parteien der Reichstag gewählt?

Reichstagswahlen:
Es gab nur noch **Einheitslisten** („Liste des Führers"). Im Reichstag saßen nur noch Mitglieder der NSDAP.

118 Nennen Sie drei Gleichschaltungsmaßnahmen, die die Nationalsozialisten zur Errichtung der Diktatur ergriffen haben.

Zum Beispiel:
a) NSDAP wird Staatspartei durch Verbot bzw. Selbstauflösung der anderen Parteien.
b) Gleichschaltung der Länder durch Auflösung der Länderparlamente und des Reichsrats.
c) Gleichschaltung der Bevölkerung durch Verbot der Gewerkschaften und Errichtung von NS-Berufsverbänden.
d) Gleichschaltung der Presse (Zensur).
e) Gleichschaltung des Kulturbetriebs durch Überwachung seitens der NSDAP.

119 Erklären Sie den Begriff Pogrom.

Pogrom:
= Verfolgung eines Volksteils

120 Welche Minderheiten wurden von den Nationalsozialisten verfolgt?

a) Juden
b) Zigeuner (Sinti und Roma)

121 Wie wurde die Judenverfolgung von den Nationalsozialisten begründet?

Begründung und Rechtfertigung war die nationalsozialistische **Rassenlehre.**

122 In welche drei Gruppen hat die nationalsozialistische Rassenlehre die Menschen eingeteilt?

NS-Rassenlehre:
a) **Arische Rasse:**
   = Sie sei eine „Herrenrasse" und daher zur Herrschaft über andere Völker bestimmt.   →

▷ *Fortsetzung der Antwort* ▷

b) Übrige Rassen:
= Sie seien „minderwertig" und hätten der arischen Rasse zu dienen.

c) Juden:
= Sie seien „Parasiten" und müssten ausgerottet werden.

---

123 **Nennen Sie drei Bestimmungen der „Nürnberger Gesetze".**

„Nürnberger Gesetze":

a) Abschaffung der Gleichberechtigung zwischen Juden und den übrigen Deutschen

b) Verlust der deutschen Staatsbürgerschaft für Juden

c) kein Wahlrecht für Juden

d) keine Teilnahme von Juden am gesellschaftlichen Leben

e) Einschränkung der Arbeitsmöglichkeiten für Juden

f) Verbot von Eheschließungen von Juden mit Nichtjuden

---

124 **Die Nacht vom 9. auf den 10. November 1938 wird als „Reichskristallnacht" (Reichspogromnacht) bezeichnet. Erklären Sie diesen Begriff.**

„Reichskristallnacht" (Reichspogromnacht):
= Gewalt gegen Juden und jüdisches Eigentum
– Synagogen und jüdische Geschäfte wurden zerstört
– Tausende Juden wurden in Konzentrationslager verschleppt
– viele Juden wurden erschlagen

Widerstand

125 **a) Für welches Ereignis steht der 20. Juli 1944?**
b) Welche Namen sind mit diesem Datum verbunden? Nennen Sie drei Namen.

a) Am 20. Juli 1944 scheiterte ein Umsturzversuch; Hitler entkam einem Bombenanschlag.

b) Oberst Graf v. Stauffenberg, General Olbricht, Generaloberst Beck, Oberst v. Quirnheim

126 Die nationalsozialistische Diktatur Hitlers hatte in allen Kreisen der deutschen Bevölkerung Gegner.

Nennen Sie drei Widerstandsgruppen.

Widerstandsgruppen:
a) Studenten um die Geschwister Scholl
b) die Gruppe um den früheren Leipziger Oberbürgermeister Goerdeler
c) der konservative Kreisauer Kreis
d) die kommunistische Rote Kapelle

127 Die Bevölkerung leistete gegen die NS-Diktatur verhältnismäßig wenig Widerstand.

Nennen Sie drei Gründe für dieses Verhalten.

Zum Beispiel:
a) Das Regime bekämpfte die Arbeitslosigkeit.
b) Es gab Propaganda und Zensur.
c) Die Gegner der NS-Diktatur waren ideologisch zerstritten.
d) Politische Gegner wurden von der Gestapo verfolgt.

128 Wann endete die Diktatur Hitlers?

Hitler beging am 30. April 1945 in Berlin Selbstmord
(Kriegsende am 8. Mai 1945).

129 Inwiefern können Widerstandskämpfer gegen den Nationalsozialismus uns heute noch als Vorbilder dienen?

– Mahnung gegen Gleichgültigkeit und Desinteresse
– Mahnung gegen radikale Tendenzen
– Selbst Widerstand gegen antidemokratische Tendenzen zu zeigen
– Aufforderung zur Zivilcourage
– Gedenken als Beweis dafür, dass Hitler und sein Regime viele Feinde hatten

■ Kommunismus

130 An welchen Merkmalen kann man kommunistische Parteien erkennen?

Nennen Sie vier Merkmale.

Kommunistische Parteien
– üben Diktatur aus
– stützen sich nicht auf den Bürgerwillen
– programmieren und beherrschen den Staat monopolartig
– setzen festgelegte Zukunftsvorstellungen durch →

▷ *Fortsetzung der Antwort* ▷

- bestimmen das Leben im Staat, in der Wirtschaft und das gesellschaftliche Leben
- setzen die Verstaatlichung der Produktionsfaktoren Boden und Kapital durch
- sind verantwortlich für den Zwangscharakter des jeweiligen Systems
- verbieten und bestrafen Opposition

131 **Aus welchen Parteien wurde 1946 in der Sowjetischen Besatzungszone (SBZ) die SED gebildet?**

Die **SED** entstand durch **Zwangsvereinigung** der früheren Parteien **SPD** (= Sozialdemokratische Partei Deutschlands) und **KPD** (= Kommunistische Partei Deutschlands).

132 **Erklären Sie den Begriff „kapitalistische Produktionsverhältnisse".**

In der kapitalistischen Gesellschaft stehen sich nach Karl Marx zwei gesellschaftliche Gruppen mit gegensätzlichen Interessen gegenüber.

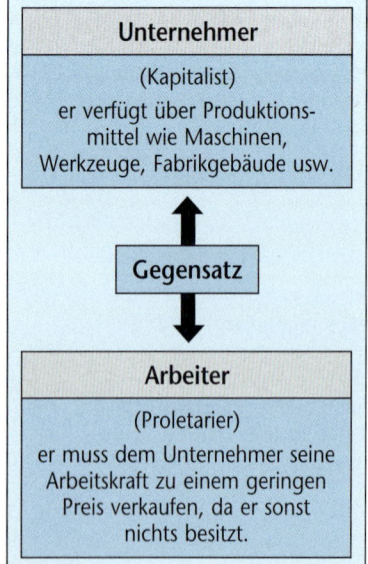

Unternehmer

(Kapitalist)
er verfügt über Produktionsmittel wie Maschinen, Werkzeuge, Fabrikgebäude usw.

Gegensatz

Arbeiter

(Proletarier)
er muss dem Unternehmer seine Arbeitskraft zu einem geringen Preis verkaufen, da er sonst nichts besitzt.

133 In der Vergangenheit gab es mehrmals Widerstand der Bevölkerung gegen die Machthaber kommunistischer Staaten.
Nennen Sie zwei Ereignisse, die darauf hinweisen.

a) 17. Juni 1953 Volksaufstand in Ostberlin und der DDR
b) 1956 Volksaufstand in Ungarn
c) 1968 versuchte die ČSSR eine menschlichere Form des Sozialismus einzuführen. Der Versuch scheiterte, da die meisten Staaten des Warschauer Pakts ihre Truppen in die ČSSR einmarschieren ließen.

Gefahren durch Extremismus – Kriminalität – Werteverfall

134 Neonazistische Gruppen haben heute immer noch Zulauf.
Beschreiben Sie Möglichkeiten, dem entgegenzuwirken.

– Erziehung zu Demokratiebewusstsein
– Achtung von Minderheiten, Randgruppen
– Toleranz gegenüber Andersdenkenden
– Abbau von Vorurteilen
– Abbau von Feindbildern

135 Nationalsozialistische Erziehungsziele stehen im Gegensatz zu demokratischen Erziehungszielen.
Machen Sie dies an zwei Beispielen deutlich.

Erziehung zu:
– absolutem Gehorsam, **statt** Toleranz
– Unterordnung des Einzelnen unter eine Führungselite, **statt** demokratischer Mitgestaltung, Menschenrechten und Bürgerrechten
– Gewaltbereitschaft **statt** Friedens- und Nächstenliebe
– Nationalismus und Rassismus **statt** Völkerverständigung

136 Weshalb ist es wichtig, auch heute noch über den Nationalsozialismus zu sprechen?

a) Neonazistische Gruppen begehen Straftaten.
b) Vorbeugung gegen rassistisch motivierte Ausländerfeindlichkeit.
c) Die nationalsozialistische Ideologie bedient sich demokratischer Freiheiten, mit dem Ziel diese zu beseitigen.

137 Welche Merkmale prägen <u>totalitäre Ideologien?</u>

– Macht wird nur durch eine einzige Partei ausgeübt →

▷ *Fortsetzung der Antwort* ▷

– freie Wahlen sind nicht möglich
– verlangt wird absolute Unterordnung der Bürger unter diese Ideologie
– Andersdenkende werden verfolgt

|138| **a) Welche Arten des Extremismus unterscheidet man?**
b) Wie zeigt sich politischer Extremismus?

a) Man unterscheidet:

– **Rechtsextremismus:**
  Er hat meist den Nationalsozialismus als Vorbild und richtet sich in der Regel gegen Ausländer.

– **Linksextreme Gruppen:**
  Sie haben den Kommunismus als Vorbild und bekämpfen den Staat sowie privates Eigentum.

– **Gewalttätige Proteste ausländischer Organisationen:**
  Hierzu zählen z. B. Aktionen von Kurden gegen türkische Einrichtungen in Deutschland oder Flugzeugentführungen sowie der Anschlag auf das World Trade Center in New York durch fundamentalistische Islamisten.

b) Politischer Extremismus ist in der Regel mit Gewalt verbunden.

|139| **Sollten Ihrer Ansicht nach radikale Gruppen konsequent verboten werden, bzw. ihre Straftäter härter verfolgt werden?**

Ja:
– Bei einem Verbot hätten solche Gruppen es nicht mehr so leicht, ihre Hetze unter die Leute zu bringen.
– Schnellere und härtere Bestrafung schrecken mehr ab.

Nein:
– Schenkt man solchen Gruppen zu viel Beachtung, wertet man diese nur auf.
– Bei einem Verbot arbeiten solche Gruppen im Untergrund weiter und sind dann umso schwerer zu kontrollieren.

140 Geben Sie vier Beispiele für <u>organisierte Kriminalität</u> an.	– Rauschgifthandel – Schutzgelderpressung – Geldwäsche – Waffenschmuggel – Menschenhandel – Autoschiebereien
141 Beschreiben Sie, inwieweit organisierte Kriminalität eine Bedrohung für unsere Gesellschaft darstellen kann.	– Solche Gruppen arbeiten staatenübergreifend und verfolgen ihre Ziele mit äußerster Brutalität. – Hier werden riesige Geldsummen verdient, die dann in den Wirtschaftskreislauf eingeschleust werden (Geldwäsche), um so auch Einfluss auf die Politik zu nehmen. – Gefahr der Korruption von Politikern.
142 In unserer Gesellschaft wird über einen zunehmenden Werteverfall geklagt. **Zeigen Sie diese Entwicklung an verschiedenen Beispielen auf.**	– Konflikte zwischen Kindern und Jugendlichen werden mit immer brutaleren Mitteln ausgetragen. – Sprayer ignorieren fremdes Eigentum. – Steuerhinterziehung und Versicherungsbetrug werden als Kavaliersdelikte angesehen. – Zunahme der Schwarzarbeit. – Gewaltanwendung nur zum Spaß. – Der Egoismus ist stärker ausgeprägt als die Bereitschaft, in unserer Gesellschaft Verantwortung mitzutragen.

143 Wie können Bürger und Staat auf verschiedene Formen der Gewalt reagieren?	– **Gewalt im Privatbereich**
	  • Mithilfe der Bürger bei der Aufdeckung
	  • Bestrafung und Opferschutz durch den Staat
	– **Vandalismus**
	  • Distanzierung der Bürger
	  • Vorbeugung und Bestrafung durch den Staat
	– **Gewalt gegen Minderheiten**
	  • Zivilcourage der Bürger
	  • Bestrafung, Aufklärungsarbeit und Opferschutz durch den Staat

Originalprüfungsaufgaben

1 Demokratie in Deutschland (Winter 2002/2003)

1. Nennen Sie fünf Massenmedien.
2.1 Suchen Sie aus M 1 drei Aufgaben der Massenmedien heraus.
2.2 Welche weiteren Aufgaben haben die Medien noch? Nennen Sie zwei.
3.1 Welche Gefahren bestehen bei der Information durch Massenmedien?
    Beschreiben Sie zwei.
3.2 Wie kann sich der Bürger vor Manipulation schützen?
4. Was sagt das Grundgesetz zum Thema Pressefreiheit?
    Machen Sie zwei Angaben.
5. Teilen Sie die Kritik an den Medien in M 1? Begründen Sie Ihre Meinung.

M 1

Kritik an den Medien

Die Macht der Medien und die Art und Weise, wie sie mit ihr umgehen, stößt auf Kritik. Umstritten ist schon die Kontrollfunktion der Medien. Man wendet ein, als „Vierte Gewalt" fehle ihnen die demokratische Legitimation, Journalisten brauchten sich keiner Wahl zu stellen. Viele Journalisten ließen in der Berichterstattung ihre persönliche, parteiische Meinung einfließen. Kritik wird auch an der Vermittlung von Politik durch die Medien geübt.

Vor allem Fernsehen und Boulevardzeitungen

- vereinfachten unzulässig komplizierte Sachverhalte,
- dramatisierten unbedeutende Ereignisse,
- personalisierten sachliche Probleme,
- spielten ein Thema für kurze Zeit hoch, um es plötzlich wieder fallen zu lassen,
- verbreiteten fast ausschließlich negative Meldungen und zeichneten ein durchweg pessimistisches Bild der Welt.

Trotz dieser Kritik sollte nicht übersehen werden, dass freie Medien ein unverzichtbarer Bestandteil einer demokratischen Gesellschaft sind. Sie machen politische Entscheidungen durchschaubar (transparent) und üben eine wichtige Kontrollfunktion aus, indem sie Machtmissbrauch, Ämterwillkür und Korruption aufdecken. Diese Macht der Medien erfordert gleichzeitig ein hohes Verantwortungsbewusstsein der „Medienmacher", die Orientierung an einer Medienethik, die eine Verletzung der Menschenwürde und eine Propagierung von Gewalt ausschließt.

aus: Pötzsch, H.: Die deutsche Demokratie. Bundeszentrale für politische Bildung, Bonn 1995, S.51

---

2 Demokratie in Deutschland (Winter 2007/08)

1. Erläutern Sie das in M 1 angesprochene Grundrecht.
2. Nennen Sie drei weitere Grundrechte.
3. Das Bundesverfassungsgericht ist eines der Verfassungsorgane der Bundesrepublik Deutschland.
   Entnehmen Sie M 2 drei wesentliche Informationen zum Bundesverfassungsgericht. Berücksichtigen Sie dabei das gesamte Schaubild.
4. Man unterscheidet drei politische Gewalten.
   Nennen Sie jeweils die deutsche Bezeichnung und das Fremdwort.
5. Erklären Sie, weshalb die Medien auch als vierte Gewalt bezeichnet werden.
6. Der deutsche Popsänger Heinz Rudolf Kunze hat Anfang 2007 zehn Behauptungen über die Medien aufgestellt. Darin behauptet er: „die Installation[1] privater Medien war die Öffnung eines Höllentors. [...] Fassungslose und wehrlose Zeitgenossen müssen mit ansehen, wie von Jahr zu Jahr neue Tiefstände des Vulgären, Proletigen, Widerwärtigen erreicht werden." Nehmen Sie zu dieser Behauptung begründet Stellung.

1 Installation = Einrichtung

M 1

Verfassungsgericht stärkt freie Presse

KARLSRUHE (dpa). Das Bundesverfassungsgericht hat die Pressefreiheit in einem Grundsatzurteil wesentlich gestärkt. Eine Razzia der Polizei bei der Zeitschrift „Cicero" im September 2005 war nach einer Entscheidung des Karlsruher Gerichts rechtswidrig. Durchsuchungs- und Beschlagnahmeaktionen sind nach dem Urteil des Ersten Senats verfassungswidrig, wenn sie allein dem Zweck dienen, die „undichte" Stelle in einer Behörde zu finden, über die vertrauliche Informationen an die Presse gelangt sind. Die Redaktion und die Privaträume eines Autors waren durchsucht worden, nachdem in einem Bericht aus einem internen Papier des Bundeskriminalamtes zitiert worden war.

Quelle: http://www.stuttgarter-zeitung.de/stz/page/detail.php/1369224, 23.03.2007

Lösungen auf Seite 146/147

M 2

3 **Demokratie in Deutschland (Winter 2008/09)**

1. Erklären Sie, warum Deutschland als Bundesrepublik bezeichnet wird.

2. Nennen Sie zwei Bereiche, die in Deutschland allein vom Bund und zwei Bereiche, die allein von den Ländern bestimmt werden.

3. Man bezeichnet den Bundesrat auch als Länderkammer. Erklären Sie den Begriff.

4. Erläutern Sie mithilfe des Artikels (M 1), wie der Bundesrat an der Entstehung von Gesetzen mitwirken kann.

5. Erläutern Sie zwei Nachteile der bundesstaatlichen Ordnung der Bundesrepublik Deutschland.

Lösungen auf Seite 147/148

M 1

Gesetzentwurf zur Bekämpfung von Hasskriminalität

Am Freitag werden die Bundesländer Brandenburg, Sachsen-Anhalt und Mecklenburg-Vorpommern einen gemeinsamen Gesetzentwurf zur stärkeren Bekämpfung und Bestrafung der sogenannten Hasskriminalität als Drucksache 572/07 in den Bundesrat einbringen.

Mit der Gesetzesinitiative soll das Strafgesetzbuch im Blick auf bestimmte Beweggründe von Gewalttaten verschärft werden…So sollen bei solchen Taten in Zukunft auch Freiheits- statt Geldstrafen verhängt und Bewährung nur in Ausnahmefällen gewährt werden.

Charlotte Knobloch (Vorsitzende des Zentralrats der Juden in Deutschland) appellierte an die übrigen Bundesländer, dass sie das „Vorhaben bei der Abstimmung im Bundesrat unterstützen".

Analog zum Gesetzentwurf der drei Bundesländer kritisierte Knobloch die gängige Praxis, Haftstrafen zu Bewährung auszusetzen. Dies sei ein „hinreichender Beweis" dafür, dass die bestehenden Gesetze für eine effektive Verteidigung der Rechtsordnung nicht ausreichten. Die Länder dürften die sich im Bundesrat bietende Chance nun nicht verstreichen lassen und „endlich ein klares Zeichen gegen menschenverachtende Verbrechen" setzen, sagte Knobloch.

Sollte die Gesetzesinitiative durch den Bundesrat kommen, wird sie an den Bundestag weitergeleitet. Dort allerdings gibt es Vorbehalte gegenüber dem Vorhaben.

Quelle: http//www.spiegel.de/politik/deutschland vom 19.02.08

---

4 **Demokratie in Deutschland (Winter 2009/10)**

1. Erläutern Sie mit eigenen Worten drei Aussagen des Grundgesetzes über die Parteien (M 1).
2. Stellen Sie dar, wie sich die Mitgliederzahlen der SPD und der CDU entwickelt haben (M 2).
3. Können Sie sich vorstellen, selbst in eine Partei einzutreten und dort mitzuarbeiten? Begründen Sie Ihre Antwort.
4. Welche Parteien sind im Bundestag vertreten und welche sind an der Regierung beteiligt?
5. Vor einer Bundestagswahl findet ein monatelanger Wahlkampf statt. Beschreiben Sie vier Wahlkampfmittel, mit denen die Parteien und Kandidaten für ihre Wahl werben.
6. Halten Sie den Aufwand, den die Parteien im Wahlkampf betreiben, für vertretbar? Nehmen Sie dazu Stellung.

Lösungen auf Seite 148/149

M 1

Grundgesetz, Artikel 21

(1) Die Parteien wirken bei der politischen Willensbildung des Volkes mit. Ihre Gründung ist frei. Ihre innere Ordnung muss demokratischen Grundsätzen entsprechen. Sie müssen über die Herkunft und Verwendung ihrer Mittel sowie über ihr Vermögen öffentlich Rechenschaft geben.

(2) Parteien, die nach ihren Zielen oder nach dem Verhalten ihrer Anhänger darauf ausgehen, die freiheitliche demokratische Grundordnung zu beeinträchtigen oder zu beseitigen oder den Bestand der Bundesrepublik Deutschland zu gefährden, sind verfassungswidrig. Über die Frage der Verfassungswidrigkeit entscheidet das Bundesverfassungsgericht.

M 2

Mitgliederschwund bei den Parteien
Mitglieder der beiden großen deutschen Volksparteien
in 1 000 gerundet

Quelle: Bundeszentrale für politische Bildung. Niedermayer 2008, SPD, CDU

---

5 **Demokratie in Deutschland (Sommer 2010)**

1. Einer der Wahlgrundsätze in der Bundesrepublik Deutschland lautet, dass Wahlen „frei" sein müssen. Erläutern Sie diesen Wahlgrundsatz.

2. Erläutern Sie die Karikatur in M 1.

3. Erläutern Sie, außer der Teilnahme an Wahlen, drei weitere politische Mitwirkungsmöglichkeiten.

4. Nennen Sie die von Ursula Feist genannten Symptome der Krise der Demokratie (M 2).

5. Nehmen Sie Stellung zur Forderung eines Bundestagsabgeordneten, für Nichtwähler eine Strafe von 50 € einzuführen.

Lösungen auf Seite 149

M 1

WAHLSIEGER

Quelle: nelcartoons.de

M 2

Krisensymptom der Demokratie

Warum man selbst möglicherweise nicht wählen geht, wird nach anderen Maßstäben beurteilt. Als entscheidende Kriterien für sich selbst nennen Ost- wie Westdeutsche schwerpunktmäßig drei Motive, und es sind hier wie dort die gleichen, nämlich: politischer Protest, Misstrauen gegenüber der politischen Klasse sowie fehlende politische Einflussmöglichkeiten. Überdurchschnittlich häufig äußern sich in diesem Sinne die Fünfunddreißigjährigen, die Anhänger der Grünen sowie politisch ungebundene Wahlberechtigte. Zwischen 16 und 20 Prozent in Ost und West geben aber auch ihr persönliches Desinteresse an Politik zu verstehen. Angesichts ihrer eigenen Ohnmacht weigern sie sich, als „Stimmvieh" mitzumachen.

Dieser Befund verweist auf das Doppelgesicht der rückläufigen Wahlbeteiligung. Während die einen sich zurückziehen und nicht wählen gehen oder ihre …Ohnmacht auch durch die Stimmabgabe für eine populistische Rechtspartei zu überwinden suchen…, erscheint einem anderen Teil der Bevölkerung Wählen als Mittel der politischen Mitsprache und Mitwirkung nicht hinreichend.

Nach ihrer Auffassung kann die in 40 Jahren gereifte Demokratie sich nicht im bisherigen institutionellen und formalen Rahmen der politischen Teilnahme erschöpfen. Sie fordern „mehr Demokratie" und mehr Mitbestimmung. Demokratische Selbstbestimmung entwickelt im Laufe der Zeit neue Aktionsformen und „erwählt" neue Akteure, ohne demokratische Innovation entfernt sich der Staat von demokratischer Normalität.

Aus: Ursula Feist: Niedrige Wahlbeteiligung – Normalisierung oder Krisensymptom der Demokratie in Deutschland?, in: K. Starzacher u. a. (Hrsg.) Protestwähler und Wahlverweigerer. Krise der Demokratie. Bund Verlag, Köln 1992, S.40–57.

Lösungen auf Seite 149

6 **Demokratie in Deutschland (Winter 2010/11)**

1. Nennen Sie drei Gründe, warum die Bürger der ehemaligen DDR mit ihrem Staat unzufrieden waren (M 1).
2. Beschreiben Sie anhand von M 1, welche Ereignisse zum Fall der Berliner Mauer im November 1989 geführt haben.
3. Erklären Sie, warum im Zusammenhang mit der Wiedervereinigung Deutschlands von der friedlichen Revolution gesprochen wird.
4. Nennen Sie das offizielle Datum der deutschen Wiedervereinigung.
5. Eine Emnid-Umfrage aus dem Jahr 2009 ergab, dass 57 % der Ostdeutschen der Ansicht sind, dass die DDR mehr gute als schlechte Seiten hatte. Warum hält sich bei vielen Bürgern der ehemaligen DDR auch noch 20 Jahre nach der Wiedervereinigung ein so positives Bild der DDR? Erläutern Sie zwei unterschiedliche Aspekte.

M 1

In der DDR hatte sich die große Mehrheit der Bevölkerung trotz Kommando-wirtschaft, Geheimpolizei, SED-Allmacht und strikter Zensur mit dem System arrangiert. Dazu trug die staatlich geregelte und subventionierte und daher für den Einzelnen sehr preisgünstige Grundversorgung bei…Doch vor allem für die junge Generation wurde dieser Staat mit seiner umfassenden Bespitzelung und Dauerpropaganda fragwürdig. Es wuchs das Verlangen nach Selbst- und Mitbestimmung, nach individuellen Freiheiten sowie nach mehr und besseren Konsumgütern.

Immer mehr Menschen kamen Mitte der Achtzigerjahre in die Ständige Vertretung der Bundesrepublik in Ost-Berlin sowie in die deutschen Botschaften in Prag und Warschau, um nach neuen Wegen zur Ausreise in die Bundesrepublik zu suchen. Das Streben nach Freiheit förderte von 1985 an der neue sowjetische Machthaber Michail Gorbatschow, der für Auflockerung, Vertrauen und Transparenz stand.

Von Sommer 1989 an gerieten die DDR-Strukturen in einen sich immer schneller drehenden Strudel. Ungarn öffnete seine Grenzen für ausreisewillige DDR-Bürger, sodass Tausende von ihnen über Österreich in die Bundes-republik gelangen konnten. Dieser Ausbruch aus der Disziplin der Warschau-er-Pakt-Staaten ermutigte in der DDR immer mehr Menschen zu Protest-aktionen. Als die DDR-Führung Anfang Oktober 1989 mit großem Propaganda-Aufwand den 40. Jahrestag der Staatsgründung feierte, kam es vor allem in Leipzig zu Massenprotesten. „Wir sind das Volk" war der Slogan. Schnell wurde klar, dass die Sowjetunion diesmal kein Interesse an einer gewaltsamen Unterdrückung hatte. Das verstärkte den Druck auf den alten Apparat zusätzlich. Die „sanfte Revolution" in der DDR bewirkte eine Art

Lösungen auf Seite 149/150

Lähmung der Staatsorgane. Das SED-Politbüromitglied Günter Schabowski gab am Abend des 9.Novembers 1989 eine neue, freizügige Ausreiseregelung bekannt, die einen ungeheuren Erwartungsdruck der DDR-Bewohner und die Öffnung der Grenzübergangsstellen in Berlin auslöste. Unbeschreibliche Freudenszenen spielten sich in dieser Nacht auf den Grenzstraßen und auf dem West-Berliner Kurfürstendamm ab, als die Mauer faktisch gefallen war. Der Regierende Bürgermeister Walter Momper brachte die gesamtdeutsche Stimmung jener Tage zum Ausdruck: „Wir Deutschen sind jetzt das glücklichste Volk auf der Welt."

Quelle: Zusammengestellt aus http://www.tatsachen-ueber-deutschland.de/de/geschichte/
main-content-03/1990-die-wiedervereinigung.html

Lösungen auf Seite 150

Lösungen zu den Originalprüfungsaufgaben

1 **Demokratie in Deutschland (Winter 2002/2003)**

1. – Fernsehen
   – Rundfunk
   – Zeitung
   – Zeitschriften
   – Internet

2.1 Massenmedien
   – tragen zur Meinungsbildung bei.
   – üben Kritik.
   – machen politische Entscheidungen durchschaubar.
   – üben wichtige Kontrollfunktion aus, indem sie Machtmissbrauch, Ämterwillkür und Korruption aufdecken.

2.2 Weitere Aufgaben der Massenmedien
   – Veröffentlichung verschiedener Meinungen
   – Bindeglied zwischen Bürger und Regierung
   – Umfassende Information der Bürger

3.1 Mögliche Gefahren:
   – Manipulation durch Veränderung, Kürzung, Auswahl, Dramatisierung usw.
   – Übermäßiger Konsum

3.2 Der Bürger muss deshalb kritisch sein, sich durch mehrere Medien informieren, ggfs. Leserbriefe schreiben und Gegendarstellungen erwirken.

4. – Recht auf freie Meinungsäußerung
   – Pressefreiheit
   – Keine Zensur

5. Schülerabhängige Antwort

2 **Demokratie in Deutschland (Winter 2007/08)**

1. Pressefreiheit:
   Durchsuchungs- und Beschlagnahmungsaktionen gegen die Presse sind verboten.
   Journalisten brauchen Informanten nicht preiszugeben.

2. – freie Meinungsäußerung
   – freie Berufswahl

- Versammlungsfreiheit
- Vereinigungsfreiheit
- Unverletzlichkeit der Wohnung
- Brief-, Post-, Telefongeheimnis
- Asylrecht
- Gleichheit vor dem Gesetz usw.

3. – Vorsitz: durch Präsident/in und Vizepräsident/in je einem Senat
   – Zusammensetzung: Erster und zweiter Senat mit je acht Richtern
   – Wahl: Bundesrat und Bundestag wählen jeweils die Hälfte der Richter
   – Aufgaben: Entscheidung über Verfassungsbeschwerden, Streitigkeiten zwischen Bund und Ländern, die Verfassungswidrigkeit von Parteien

4. – Exekutive: Ausführende/vollziehende Gewalt
   – Legislative: Gesetzgebende Gewalt
   – Judikative: Rechtsprechende/richterliche Gewalt

5. Da sie Missstände aufdecken, üben sie eine wichtige Kontrollfunktion im politischen System aus. Des Weiteren verbreiten sie Informationen und tragen zur Meinungsbildung bei.

6. Schülerabhängige Antwort.

---

3 Demokratie in Deutschland (Winter 2008/09)

1. Die Bundesrepublik Deutschland besteht aus einem Bund mehrerer Länder (Bundesländer), die an der Gesetzgebung und an der Ausführung dieser Gesetze beteiligt sind.

2. Bund: Verteidigungspolitik, Außenpolitik, Staatsangehörigkeit, Fernverkehr, Post- und Fernmeldewesen.
   Länder: Schulen und Kultur, Polizei, Fernsehen und Rundfunk.

3. Durch den Bundesrat wirken die Länder an der Gesetzgebung des Bundes mit. Somit wird sichergestellt, dass jedes Bundesland angemessen vertreten ist, die Entscheidungen des Bundes überprüft werden und Machtmissbrauch verhindert wird.

4. Der Bundesrat kann Gesetzesentwürfe einbringen und beschließen. Anschließend werden die Beschlüsse dem Bundestag zur Abstimmung zugeleitet. Findet das Gesetz hier keine Mehrheit, muss der Vermittlungsausschuss versuchen, eine Einigung zwischen den beiden Kammern zu erreichen.

Des Weiteren kann der Bundesrat seinerseits über Gesetze abstimmen, die der Bundestag eingebracht hat:
- Verfassungsändernde Gesetze bedürfen einer Zweidrittelmehrheit im Bundesrat.
- Zustimmungspflichtige Gesetze (sie berühren die Länderinteressen) sind ohne Zustimmung des Bundesrats endgültig gescheitert.
- Nicht zustimmungspflichtige Gesetze werden nach der Zurückweisung durch den Bundesrat erst durch einen erneuten Beschluss des Bundestages gültig.

5. – Teurer, da mehr Parlamente, Abgeordnete, Länderregierungen usw.
   - Unterschiedliche Bildungsmöglichkeiten und -standards
   - Schwierigkeiten beim Wohnungswechsel z. B. wegen großer Unterschiede im Schulsystem
   - Unübersichtlich
   - Zeitraubend, da durch die Mitwirkung der Länder die Gesetzgebung länger dauert.

---

4   Demokratie in Deutschland (Winter 2009/2010)

1. Die Parteien versuchen die Menschen von ihren politischen Ideen und Vorschlägen zu überzeugen.
   - Jeder hat das Recht, eine Partei zu gründen.
   - Der Aufbau der Parteien muss demokratisch sein, d. h. Ämter müssen durch Wahl vergeben werden, Macht muss begrenzt werden.
   - Parteien müssen offenlegen, woher sie ihr Geld haben.
   - Wenn eine Partei die Freiheit und Demokratie in Deutschland abschaffen will, dann ist sie verfassungswidrig.

2. – Bei beiden Parteien sinken die Mitgliederzahlen seit Jahren
   - Die SPD erreichte ihre höchste Mitgliederzahl im Jahr 1976 (1,022 Mio.). Im Jahr 2008 hat sie weniger als halb so viele Mitglieder (530 000)
   - Die CDU erreichte 1984 ihre höchste Mitgliederzahl (735 000). Im Jahr 2008 hat sie nur noch 531 000 Mitglieder, allerdings hat sie zum ersten Mal mehr Mitglieder als die SPD.

3. Schülerabhängige Antwort

4. Parteien im Bundestag (Stand September 2009):
   - CDU und CSU
   - SPD
   - FDP
   - BÜNDNIS 90/DIE GRÜNEN
   - DIE LINKE

Parteien, die an der Regierung beteiligt sind:
CDU/CSU und FDP
2. – Stände der Parteien in Fußgängerzonen
   – Wahlkampfveranstaltungen
   – Werbespots in Rundfunk und Fernsehen
   – Präsentation der Parteien im Internet
   – Flugblätter und Werbebroschüren, die an die Bürger bzw. Haushalte verteilt werden
   – Teilnahme an Fernsehdiskussionen
6. Schülerabhängige Antwort

5 Demokratie in Deutschland (Sommer 2010)

1. Der Wähler kann sich frei zwischen Parteien und Kandidaten entscheiden, es besteht kein Wahlzwang.
2. Alle Parteien erklären sich nach der Wahl zum Wahlsieger laut der abgegebenen Stimmen, obwohl diese keineswegs die Gesamtstimmung der Wahlberechtigten wiedergeben. Der wirkliche Sieger ist die Gruppe der Nichtwähler.
3. – Demonstrationen
   – Volksentscheid bzw. Volksabstimmung
   – Bürgerinitiativen
   – Mitarbeit in Verbänden und Parteien
   – Petitionen
4. – politischer Protest
   – Misstrauen in die politische Klasse
   – fehlende politische Einflussmöglichkeiten
   – persönliches Desinteresse
   – eigene Ohnmacht
   – politische Mitbestimmung und Mitwirkung nicht hinreichend
5. Schülerabhängige Antwort

6 Demokratie in Deutschland (Winter 2010/11)

1. – Zensur
   – umfassende Bespitzelung
   – Verlangen nach mehr Selbstbestimmung und Mitbestimmung
   – fehlende Freiheiten, z. B. Reisefreiheit, freie Meinungsäußerung, freie Berufswahl
   – Wunsch nach mehr und besseren Konsumgütern

2. – Die wachsende Unzufriedenheit der Bevölkerung
   – Immer mehr Bürger wollten ausreisen und kamen dazu in die Prager Botschaft.
   – Ungarn öffnete im Sommer 1989 die Grenze für ausreisewillige DDR-Bürger, dadurch setzte eine Massenflucht über Ungarn ein.
   – Anfang Oktober 1989 Massenproteste in Leipzig, die den Druck auf die DDR-Führung erhöhten.
   – Am 9. November gibt Schabowski eine neue Reiseregelung bekannt, die Erwartungsdruck der Bürger und Öffnung der Grenzübergangsstellen in Berlin auslöste → Folge: die Mauer war praktisch gefallen.

3. – Zunehmende Proteste der DDR-Bürger (z. B. Massendemonstrationen in Leipzig)
   – Die Sowjetunion verweigert Unterstützung für eine gewaltsame Zerschlagung.
   – Sicherheitskräfte greifen nicht ein, deshalb verlaufen die Protestaktionen gewaltlos.
   – Die friedlichen Proteste der DDR-Bürger bewirken schließlich den Zusammenbruch der DDR.

4. 3. Oktober 1990

5. – Die negativen Dinge sind bei vielen bereits in Vergessenheit geraten, man erinnert sich nur noch an Positives
   – In der DDR hatte jeder Arbeit, heute sind viele arbeitslos, es gab ein Recht auf Arbeit.
   – Die Mieten waren vom Staat sehr niedrig festgesetzt.
   – Die Kinderbetreuung war umfassender.
   – Die Güter des täglichen Bedarfs waren preisgünstiger.

Internationale Zusammenarbeit

Leben und Arbeiten in Europa

Erfahrungsbereich junger Menschen

[1] Welche Gründe sprechen für eine europäische Einigung?

– *Gemeinsamer Wiederaufbau* nach dem 2. Weltkrieg.

– *Friedenssicherung,* da die europäische Einigung Kriege und Konflikte verhindert.

– *Großtechnische Entwicklungen* können gemeinsam leichter bewältigt werden, z. B. Luftfahrt, Raumfahrt.

– *Großunternehmen (Multis)* brauchen große Märkte.

– *Ökologische Gründe,* z. B. machen Schadstoffe nicht an Landesgrenzen halt.

– *Gegengewicht zu Großmächten,* wie USA, China, Indien oder Japan.

[2] Nennen Sie fünf bisher erreichte wirtschaftliche oder politische Ziele.

a) Niederlassungsfreiheit für Unternehmer

b) Freizügigkeit für Arbeitnehmer

c) freier Waren- und Dienstleistungsverkehr

d) Zollabbau

e) gleichgewichtiges Auftreten gegenüber den Großmächten USA und China

f) Abschaffung der Grenzkontrollen

g) gemeinsamer Agrarmarkt

h) gemeinsame Währung Euro

i) europäische Staatsbürgerschaft

j) einheitliche Normen und Vorschriften

k) gegenseitige Anerkennung von Abschlüssen

[3] Wo überall „begegnet Ihnen Europa" in Ihrem Alltag? Beschreiben Sie drei „Begegnungen".

1. Der Unionsbürger als Mitschüler

2. Der gemütliche Abend zum Beispiel in einer Pizzeria

→

▷ *Fortsetzung der Antwort* ▷

3. Lebensmittel aus dem Süden Europas
4. Europäische Sportwettbewerbe wie zum Beispiel Europa League
5. Gemeinsames Zahlungsmittel Euro
6. Fernsehsender wie zum Beispiel Eurosport oder arte
7. Regelmäßige Pressemeldungen zur Europäischen Union

---

4 **Mit Gründung der Europäischen Union wurde die Einführung einer Unionsbürgerschaft beschlossen. Dieses europäische Bürgerrecht ergänzt die nationale Staatsbürgerschaft um weitere Rechte.**

Nennen Sie diese.

Unionsbürgerschaft:

– Alle Staatsangehörigen der EU-Mitgliedsstaaten sind zugleich *Unionsbürger.*
– Unionsbürger haben ein allgemeines *Reise- und Aufenthaltsrecht* in allen Mitgliedsstaaten.
– Alle Unionsbürger haben das *Wahlrecht* zu Kommunal- und Europawahlen im Land ihres Wohnsitzes.
– In der Europäischen Union besteht *Freizügigkeit,* denn in jedem EU-Mitgliedsstaat hat man das Recht zu arbeiten oder zu studieren. Abschlüsse in der Ausbildung werden gegenseitig anerkannt.
– Fühlt sich ein Unionsbürger in seinen Grundrechten eingeschränkt, kann er den *Europäischen Gerichtshof* anrufen.
– Jeder EU-Bürger kann den Petitionsausschuss beim Europäischen Parlament anrufen.
– Jeder Unionsbürger hat *diplomatischen Schutz* auch durch Auslandsvertretungen anderer Mitgliedsstaaten in Ländern außerhalb der EU.

---

5 **Für die Jugend Europas hat die Europäische Union verschiedene Jugendaustauschprogramme aufgestellt.**

Nennen Sie drei Programme.

– **Jugend für Europa** für junge Arbeitnehmer.
– **Leonardo da Vinci** für junge Arbeitnehmer und Auszubildende.
– **Sokrates** für Schüler (Comenius) und Studierende (Erasmus).

Die europäische Integration – EU*)

6 Weshalb traten viele Politiker nach dem 2. Weltkrieg für ein vereintes Europa ein?
Nennen Sie drei Gründe.

a) Politische Strukturen, die für den Ausbruch der Kriege der Vergangenheit mitverantwortlich gemacht wurden, sollten beseitigt werden.
b) Gemeinsam können Konflikte besser gelöst werden.
c) Der Wohlstand sollte alle Regionen Europas erreichen.
d) Gegenüber den Supermächten USA und der früheren UdSSR sollte ein starkes Europa entstehen.

7 Aus welchen Einzelgemeinschaften bestand die EG (Europäische Gemeinschaft)?

a) **EGKS (Montanunion)**
= Europäische Gemeinschaft für Kohle und Stahl
b) **EAG (EURATOM)**
= Europäische Atomgemeinschaft
c) **EWG**
= Europäische Wirtschaftsgemeinschaft

8 Wann wurden die Verträge zu den Einzelgemeinschaften der EG abgeschlossen?

- **EGKS**
18.4.1951
- **EAG + EWG** (Römische Verträge)
25.3.1957

9 Nennen Sie die Hauptaufgabe der EAG.

Entwicklung und Erforschung der Atomenergie für friedliche Zwecke.

10 Nennen Sie zwei Ziele der EWG.

a) Errichtung eines gemeinsamen Marktes durch völlige Abschaffung der Zölle
b) Schaffung eines gemeinsamen Außenzolltarifs
c) Schaffung eines Wirtschaftsgebietes, in dem die gleichen Wettbewerbsbedingungen herrschen

---

*) siehe Hinweise auf Seite 2

|11| **Durch welchen Vorgang wurde aus den zunächst getrennt geführten Einzelgemeinschaften EGKS, EWG und EAG die EG mit gemeinsamen Organen?**

1967 wurde ein **Fusionsvertrag** abgeschlossen. Aus den drei Einzelgemeinschaften wurde die **EG** („**Europäische Gemeinschaft**"), die seitdem gemeinsame Organe unterhält.

|12| **Die Gründungsverträge der drei Gemeinschaften (EWG, EAG, Euratom) wurden seither drei Mal grundlegend geändert mit dem Ziel, eine immer engere Union der Völker Europas zu schaffen.**

Nennen Sie diese fünf Verträge.

1. Die Einheitliche Europäische Akte 1986
2. Der Vertrag von Maastricht 1992
3. Der Vertrag von Amsterdam 1997
4. Der Vertrag von Nizza 2003
5. Der Vertrag von Lissabon 2007

|13| **Die Verträge zu den Einzelgemeinschaften (siehe Frage |7|) wurden ab 1.1.1987 durch die Einheitliche Europäische Akte (EEA) umfangreich ergänzt.**

Welche Neuerungen sind in der EEA festgelegt?

Regelungen der EEA:

① Beschleunigung des Beschlussfassungsverfahrens im Rat der Minister (Mehrheitsentscheidungen sind möglich)

② Beteiligung des Europäischen Parlaments an der Gesetzgebung

③ Errichtung des Europäischen Binnenmarktes bis 31.12.1992

④ Aufstellung einer einheitlichen Grundlage für die Europäische Politische Zusammenarbeit (EPZ)

|14| **Am 1.1.1993 trat der Europäische Binnenmarkt in Kraft.**

a) **Nennen Sie drei wichtige Freiheiten bzw. Regelungen des Binnenmarktes.**

b) **Welche Chancen und Risiken sehen Sie im Europäischen Binnenmarkt?**

Europäischer Binnenmarkt

a) – keine Grenzen für Menschen
   – keine Grenzen für Dienstleistungen
   – keine Grenzen für Waren
   – keine Grenzen für Kapital und Unternehmen
   – gegenseitige Anerkennung von Berufsabschlüssen
   – einheitliche Normen und Vorschriften

                                           →

▷ *Fortsetzung der Antwort* ▷

b) *Chancen:*
– Reisen ohne Passkontrolle.

– Import und Export ohne Zölle.

– Freie Arbeitsplatzwahl.

– Niederlassungsfreiheit für Unternehmer.

– Europäische Produkte können billiger hergestellt werden.

– Größere Auswahl und billigere Angebote für die Verbraucher.

Risiken:
– Der Konkurrenzdruck unter den Unternehmen wird größer.

– Der Druck auf Arbeitnehmer wächst (Sozialdumping).

– Verlagerung von Arbeitsplätzen in „billigere" Länder.

– Erschwerte Verbrechensbekämpfung in einem derart großen Wirtschaftsgebiet.

– Eine stärkere Angleichung von Gesetzen im Bereich von Arbeitsrecht, Sozialrecht, technischen Normen usw. ist erforderlich. Auf welchem Niveau?

|15| **Am 1. November 1993 trat der Vertrag über die Europäische Union (Maastrichter Vertrag) in Kraft.**

Nennen Sie die wichtigsten Bestimmungen dieses Vertrages.

Der Vertrag über die Europäische Union (EU-Vertrag) enthält:

1. die Grundlagen der Wirtschafts- und Währungsunion (WWU)

2. Bestimmungen für eine gemeinsame Außen- und Sicherheitspolitik (GASP)

3. Bestimmungen für die Zusammenarbeit der Innen- und Rechtspolitik

16 Auf welchen drei Säulen baut die Europäische Union seit dem Maastrichter Vertrag auf?

Europäische Union

EG (Europäische Gemeinschaft)	GASP (gemeinsame Außen- und Sicherheitspolitik)	Innen- und Rechtspolitik
z. B.: – Binnenmarkt – Währungsunion – Außenhandel – Landwirtschaft u. a.	Beschlüsse über gemeinsame Aktionen können nur einstimmig gefasst werden	z. B. über: – Einwanderungs-, – Drogen-, – Asylpolitik
Mehrheitsbeschlüsse sind möglich		Beschlüsse können nur einstimmig gefasst werden

Anmerkung:
Durch den **Vertrag von Amsterdam** (1998) kann die EU Bestimmungen erlassen in Bereichen, die zuvor den Einzelstaaten bzw. der Zusammenarbeit der Regierungen vorbehalten waren. Beispiele: Kontrolle der Außengrenzen, Asylrecht, Bekämpfung der internationalen Kriminalität. Seit dem **Vertrag von Nizza** (2003) ist in vielen Bereichen nur noch eine qualifizierte Mehrheit des Europäischen Rates erforderlich, statt Einstimmigkeit.

17 Welche Hymne hat die Europäische Union?

Beethovens „Freude schöner Götterfunken"

18 Beschreiben Sie die Flagge der Europäischen Union.

Flagge der EU: Zwölf goldene Sterne im Kreis auf blauem Grund.

19 Nachdem 2006 die geplante EU-Verfassung nicht in Kraft treten konnte, vereinbarten die EU-Staaten eine vertragliche Regelung als „Ersatz".

a) Welches Vertragswerk „ersetzt" die Europäische Verfassung?

b) Nennen Sie die wichtigsten Inhaltspunkte dieses Vertrages.

c) Weshalb trat die geplante Verfassung nicht in Kraft?

a) Der Vertrag von Lissabon.

b) 1. EU-Parlament erhält neben Ministerrat praktisch volle Mitwirkung bei Gesetzgebung

2. Zügigere Entscheidungen durch doppelte Mehrheit (55 % der Staaten, 65 % der Bevölkerung)

3. Nationale Parlamente erhalten mehr Mitwirkungs- und Kontrollrechte in EU-Angelegenheiten

4. Ausbau der Kompetenzen des Hohen Vertreters der EU für Außen- und Sicherheitspolitik

5. EU-Grundrechtecharta wird rechtsverbindlich

6. Regelung eines freiwilligen EU-Austritts

7. EU-Kommission: Verkleinerung ab 2014

8. EU-Ratspräsident: Amtszeit 2½ Jahre

9. Möglichkeit „Europäischer Volksbegehren"

c) In Frankreich und den Niederlanden wurde der Verfassungsentwurf per Volksentscheid im Jahr 2005 abgelehnt.

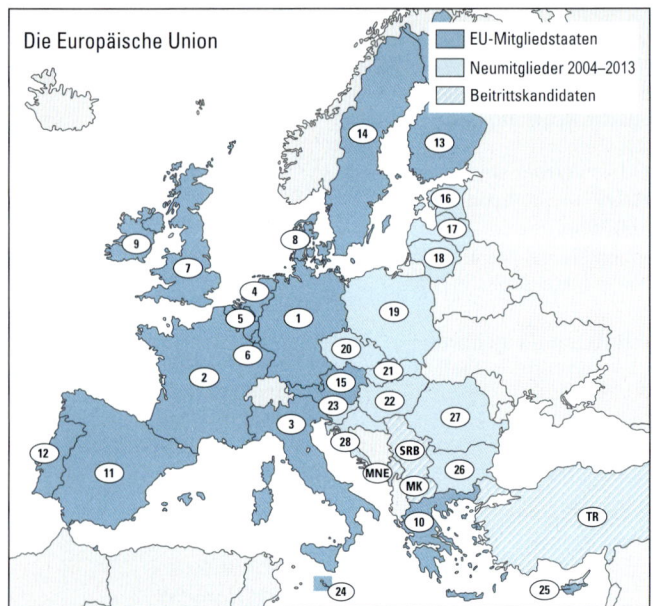

Die Europäische Union

- EU-Mitgliedstaaten
- Neumitglieder 2004–2013
- Beitrittskandidaten

20 Seit 2013 hat die EU 28 Mitglieder. Die Mitgliedsstaaten sind auf der nachfolgenden Karte mit den Zahlen ① bis ㉘ gekennzeichnet.

Suchen Sie zu den Zahlen ① bis ㉘ die entsprechenden Mitgliedsstaaten und deren Hauptstädte heraus und unterscheiden Sie dabei in

a) Gründungsmitglieder und

b) später (1973–1995) eingetretene Mitglieder.

c) Mitglieder, die 2004 bis 2013 in die EU eingetreten sind.

a) **Gründungsmitglieder:**
① Bundesrepublik Deutschland – Berlin
② Frankreich – Paris
③ Italien – Rom
④ Niederlande – Amsterdam
⑤ Belgien – Brüssel
⑥ Luxemburg – Luxemburg

b) **später eingetretene Mitglieder:**
⑦ Großbritannien – London
⑧ Dänemark – Kopenhagen (ohne Faröer-Inseln und Grönland)
⑨ Irland – Dublin
⑩ Griechenland – Athen
⑪ Spanien – Madrid
⑫ Portugal – Lissabon
⑬ Finnland – Helsinki
⑭ Schweden – Stockholm
⑮ Österreich – Wien →

c) **2004 bis 2013 eingetretene Mitgliedsstaaten:**

⑯ Estland – Tallin   ㉑ Slowakei – Bratislava
⑰ Lettland – Riga   ㉒ Ungarn – Budapest
⑱ Litauen – Vilnius   ㉓ Slowenien – Ljubljana
⑲ Polen – Warschau   ㉔ Malta – Valletta
⑳ Tschechien – Prag   ㉕ Zypern (griech. Teil) – Nikosia
㉖ Bulgarien – Sofia   ㉗ Rumänien – Bukarest
                               ㉘ Kroatien – Zagreb

---

21 **Mit welchen Staaten werden derzeit Beitrittsverhandlungen geführt?**

– Türkei (Beginn der Verhandlungen 2005)
– Mazedonien (Beitrittskandidat seit 2005, Beginn der Verhandlungen noch offen)
– Montenegro (Beitrittskandidat seit 2010, Beginn der Verhandlungen 2012)
– Serbien (Beitrittsdandidat seit 2012) Beginn der Verhandlungen noch offen)

---

22 **Welche Probleme ergeben sich innerhalb der EU durch die Freizügigkeit bei der Wahl des Arbeitsplatzes?**

Nennen Sie zwei Probleme.

a) Sprachprobleme
b) Ausländerfeindlichkeit wegen der zunehmenden Konkurrenz bei Arbeitsplätzen und Wohnraum
c) Zuzug vieler Arbeitskräfte in hoch industrialisierte Gebiete
d) Abwanderung aus ländlichen Regionen

---

23 **Welche Probleme belasten die EU besonders stark?**

Nennen Sie drei Beispiele.

a) **Agrarpolitik:** Überschüsse z. B. bei Wein, Fleisch, Gemüse
b) **Nationale Interessen stehen oft im Vordergrund**
c) Angleichung unterschiedlicher technischer Normen
d) Anpassung unterschiedlicher Steuer- und Sozialsysteme
e) Anerkennung verschiedener Berufs- und Schulabschlüsse
f) arme und reiche Mitgliedsstaaten

---

24 **Wie wirkt sich die EU auf**
a) **die deutsche Landwirtschaft und**
b) **die deutsche Industrie aus?**

a) Die Zahl der Betriebe nimmt stetig ab, weil ungünstige Standorte (Klima, Boden) und zu kleine Betriebe zu hohen Kosten führen.
In EU-Staaten mit günstigerem Klima und geringerem Lohnniveau gibt es diese Nachteile nicht.   →

▷ *Fortsetzung der Antwort* ▷

b) Für die deutsche Industrie wirkt sich der große Markt der EU sehr positiv aus, denn durch hohe Stückzahlen konnten die Produktionskosten gesenkt und der Absatz erhöht werden.

25 Nennen Sie die Organe der EU.

Europäischer Rat, Ministerrat (Rat der Europäischen Union), Europäische Kommission, Europäisches Parlament, Europäischer Gerichtshof, Europäischer Rechnungshof

26 Welche Personen sind kraft Amtes Mitglieder im Europäischen Rat?

Der **Europäische Rat** besteht aus den 28 Staats- und Regierungschefs der EU-Mitgliedsstaaten, dem Präsidenten des Europäischen Rates (auf 2½ Jahre gewählt) und dem Präsidenten der Kommission. Er ist die höchste Instanz der Europäischen Union und legt die *Grundrichtung der EU-Politik* fest.

27 a) Wie setzt sich der Ministerrat (Rat der Europäischen Union) zusammen?
b) Wie sind die Präsidentschaft und die Stimmenverteilung pro Land geregelt?

a) Mitglieder sind die 28 Fachminister der einzelnen Mitgliedsstaaten (z. B. alle Außenminister oder alle Agrarminister). Seine Hauptaufgabe ist der *Beschluss „Europäischer Gesetze"* zusammen mit dem Europäischen Parlament.
b) Die Präsidentschaft geht jedes halbe Jahr auf ein anderes Land über. Die Staaten haben je nach Bevölkerungszahl unterschiedliche Stimmenanteile (z. B. Deutschland, F, I, GB = 29, Malta 3).

28 Wie setzt sich die Europäische Kommission zusammen und welches sind ihre Hauptaufgaben?

Europäische Kommission:
Derzeit entsendet jedes Land einen Vertreter (Kommissar). Ein „hoher Vertreter für Außen- u. Sicherheitspolitik" fungiert als EU-Außenminister.
Um die Handlungsfähigkeit der EU, insbesondere nach weiteren EU-Beitritten, zu erhalten, sollen künftig nur noch bevölkerungsreiche EU-Mitglieder wie Deutschland, Frankreich oder Großbritannien ständig einen Kommissar entsenden. Die kleineren Mitglieder werden abwechselnd Kommissare stellen.   →

▷ *Fortsetzung der Antwort* ▷

Ihre Hauptaufgaben:
Durchführung der Beschlüsse des Minister-
rats (Exekutive), Verwaltung des Haushalts,
Vorschläge an den Ministerrat

29 In welcher Stadt hat
der Europäische Gerichtshof
seinen Sitz und wie ist er
zusammengesetzt?

Europäischer Gerichtshof:
a) Sitz: Luxemburg
b) Zusammensetzung:
    28 Richter und 8 Generalanwälte

30 Welche Aufgaben hat der
Europäische Gerichtshof?

Der **Europäische Gerichtshof** soll dafür
sorgen, dass die Rechtsvorschriften der
EU, das sogenannte *Gemeinschaftsrecht,*
eingehalten werden.
Klagen können: Mitgliedsstaaten, EU-Or-
gane, Unternehmen und Bürger bei
Verstößen gegen das EU-Recht.

31 In welcher Stadt hat das
Europäische Parlament seinen
Sitz und welche Aufgaben hat
es?

a) *Brüssel:* Sitz der Fraktionen und Aus-
    schüsse, *Straßburg:* Sitz des Plenums
b) Mitwirkung bei „europäischen" Geset-
    zen, Kontrolle der Kommission, Bestäti-
    gung oder Ablehnung der Kommission,
    Parlament verabschiedet gemeinsam
    mit dem Rat den EU-Haushalt.

32 Die Abbildung zeigt die
Sitzverteilung im Europäischen
Parlament.
a) Wovon hängt es ab, wie
    viele Abgeordnete ein Land
    entsenden darf?
b) Für welche Amtszeit wird
    das Parlament gewählt?

a) Die Anzahl der Abgeordneten richtet
    sich nach der Bevölkerungszahl des
    jeweiligen Landes. Die 766 Abgeord-
    neten vertreten über 500 Mill. Bür-
    gerinnen und Bürger.
b) Die Amtszeit beträgt fünf Jahre.

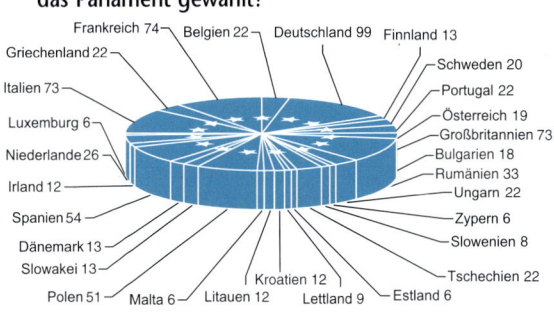

33 Wie wird der Haushalt der Europäischen Union finanziert?

Haupteinnahmequellen der EU (2013):
– Nationale Beiträge. Sie richten sich nach der Höhe des Bruttosozialprodukts des jeweiligen Landes (ca. 73,4 %)
– 0,5 % der Mehrwertsteuereinnahmen (ca. 14,1 %)
– Zölle beim Handel mit Drittstaaten, Agrarzölle und Zuckerabgaben (ca. 11,3 %)

34 Wofür werden die Einnahmen der Europäischen Union verwendet?

Ausgaben 2013: 150,9 Mrd. €
– Nachhaltiges Wachstum, Zusammenhalt, Wettbewerbsfähigkeit 70,6 Mrd. € (= 46,8 % des Haushalts)
– Landwirtschaft, natürliche Ressourcen, ländliche Entwicklung 60,2 Mrd. € (= 39,8 % des Haushalts)
– Kooperation mit Drittländern (9,4 Mrd. €)
– Verwaltung: (8,3 Mrd. €)
– Unionsbürgerschaft, Freiheit, Sicherheit und Recht (2,1 Mrd. €)

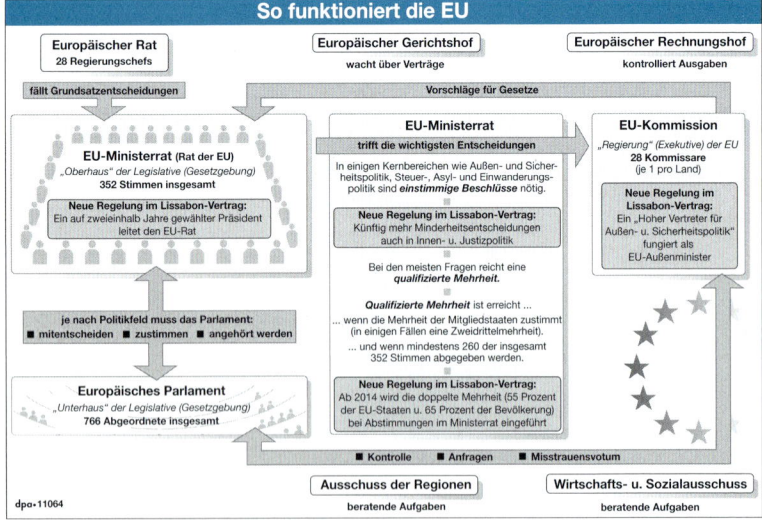

So funktioniert die EU

Europäischer Rat
28 Regierungschefs

fällt Grundsatzentscheidungen

Europäischer Gerichtshof
wacht über Verträge

Vorschläge für Gesetze

Europäischer Rechnungshof
kontrolliert Ausgaben

EU-Ministerrat (Rat der EU)
„Oberhaus" der Legislative (Gesetzgebung)
352 Stimmen insgesamt

Neue Regelung im Lissabon-Vertrag:
Ein auf zweieinhalb Jahre gewählter Präsident leitet den EU-Rat

je nach Politikfeld muss das Parlament:
■ mitentscheiden ■ zustimmen ■ angehört werden

Europäisches Parlament
„Unterhaus" der Legislative (Gesetzgebung)
766 Abgeordnete insgesamt

EU-Ministerrat
trifft die wichtigsten Entscheidungen

In einigen Kernbereichen wie Außen- und Sicherheitspolitik, Steuer-, Asyl- und Einwanderungspolitik sind *einstimmige Beschlüsse* nötig.

Neue Regelung im Lissabon-Vertrag:
Künftig mehr Minderheitsentscheidungen auch in Innen- u. Justizpolitik

Bei den meisten Fragen reicht eine *qualifizierte Mehrheit.*

Qualifizierte Mehrheit ist erreicht ...

... wenn die Mehrheit der Mitgliedstaaten zustimmt (in einigen Fällen eine Zweidrittelmehrheit).

... und wenn mindestens 260 der insgesamt 352 Stimmen abgegeben werden.

Neue Regelung im Lissabon-Vertrag:
Ab 2014 wird die doppelte Mehrheit (55 Prozent der EU-Staaten u. 65 Prozent der Bevölkerung) bei Abstimmungen im Ministerrat eingeführt

EU-Kommission
„Regierung" (Exekutive) der EU
28 Kommissare
(je 1 pro Land)

Neue Regelung im Lissabon-Vertrag:
Ein „Hoher Vertreter für Außen- u. Sicherheitspolitik" fungiert als EU-Außenminister

■ Kontrolle ■ Anfragen ■ Misstrauensvotum

Ausschuss der Regionen
beratende Aufgaben

Wirtschafts- u. Sozialausschuss
beratende Aufgaben

dpa•11064

Der Euro – Europäische Währungsunion

35 Wann wurde der Euro eingeführt a) als Buchgeld, b) als Bargeld?

a) 1.1.1999
b) 1.1.2002
(Umtauschkurs: 1 € = 1,95583 DM)

36 Seit dem 1.1.1999 führen immer mehr EU-Mitgliedsstaaten den Euro ein.
Zählen Sie die Mitgliedsstaaten auf, die derzeit (1.1.2014) dem Euro-Währungsgebiet angehören.

1. Belgien	10. Malta
2. Deutschland	11. Niederlande
3. Estland	12. Österreich
4. Finnland	13. Portugal
5. Frankreich	14. Slowakei
6. Griechenland	15. Slowenien
7. Italien	16. Spanien
8. Irland	17. Zypern
9. Luxemburg	18. Lettland (ab 1.1.2014)

37 Zählen Sie die Mitgliedsstaaten der EU auf, die dem Euro-Währungsgebiet <u>nicht</u> angehören.

Dänemark, Großbritannien, Schweden

Anmerkung: Die neuen Beitrittsländer wie Polen, Ungarn, Tschechien, Bulgarien, Rumänien oder Kroatien müssen mindestens zwei Jahre dem Wechselkursmechanismus II (WKM II) angehören, bevor sie an der Währungsunion teilnehmen können.

38 Wie lautet die offizielle Abkürzung für den Euro?

Die offizielle Abkürzung lautet EUR.

39 Welche Euromünzen gibt es und wie sind die zwei Seiten jeder Euro-Münze gestaltet?

a) Es gibt acht Münzen, nämlich: 1, 2, 5, 10, 20, 50 Cent, 1 EUR und 2 EUR.

b) Die Seite mit der Wertangabe der Euro-Münzen ist in allen Ländern des Währungsgebietes gleich, die andere Seite zeigt jeweils nationale Symbole, die von Land zu Land verschieden sind.

40 Kann man mit einer „deutschen" Euro-Münze auch in den anderen Euro-Ländern bezahlen?

Ja, man kann mit allen Euro-Münzen und Eurobanknoten überall im Euro-Währungsgebiet bezahlen.

41 Wie viele Banknoten gibt es und wie sind sie grafisch gestaltet?

a) Es gibt sieben Banknoten, nämlich: 5, 10, 20, 50, 100, 200 und 500 Euro.

b) Alle Banknoten haben die gleiche Vorder- und Rückseite. Sie zeigen Fenster, Portale und Brücken aus sieben Epochen der europäischen Kulturgeschichte: (antike) Klassik, Romanik, Gotik, Renaissance,   →

▷ *Fortsetzung der Antwort* ▷

Barock, Rokoko und die Moderne des 20. Jahrhunderts. Die Fenster und Portale auf der Vorderseite stehen für Offenheit und Zusammenarbeit in der EU.
Die Brücke auf der Rückseite symbolisiert die Verbindung zwischen den Völkern Europas und der übrigen Welt.

---

42 Nennen Sie zwei Gründe, die für die Einführung des Euro sprechen.

– Bei Reisen innerhalb der Eurozone entfällt das lästige und kostenpflichtige Umtauschen von Währungen.
– Preise werden leichter vergleichbar.
– Unmittelbar vergleichbare Preise führen zu mehr Wettbewerb und evtl. zu Preissenkungen.
– Unternehmen müssen keine Kursschwankungen mehr absichern.
– Der Euro als zweitwichtigste Währung der Welt (nach dem US-Dollar) lockt Investoren an.

---

43 Welche Voraussetzungen (Konvergenzkriterien) müssen von den Teilnehmerländern an der EWWU erfüllt werden?

Die 4 Konvergenzkriterien

Inflation: Die Inflationsrate darf nicht mehr als 1,5 %-Punkte über dem Durchschnitt der drei stabilsten Mitgliederstaaten liegen.

Staatsfinanzen: Das jährliche Haushaltsdefizit darf max. 3 %, die gesamte Staatsverschuldung max. 60 % des Bruttoinlandsprodukts erreichen.

Wechselkurse: Teilnahme am Wechselkursmechanismus seit zwei Jahren. Es dürfen keine großen Kursschwankungen eingetreten sein (Einhaltung der Bandbreite).

Zinsen: Die langfristigsten Zinsen dürfen höchstens 2 %-Punkte über dem Durchschnitt der drei stabilsten Mitgliedsstaaten liegen.

44 **Von wem wird die Währungspolitik der Europäischen Wirtschafts- und Währungsunion (EWWU) gestaltet?**

Die Währungspolitik wird von der Europäischen Zentralbank (EZB) gestaltet.

45 **Wie heißt das Entscheidungsorgan des Europäischen Systems der Zentralbanken (ESZB)?**

Die Entscheidungen im ESZB trifft der **Rat der Europäischen Zentralbank.**

46 **Wer gehört dem Rat der Europäischen Zentralbank an?**

Die Mitglieder des Direktoriums der EZB und die Präsidenten der nationalen Zentralbanken bilden zusammen den Rat der Europäischen Zentralbank.

47 **Welche Aufgaben hat die EZB?**

Anmerkung:
Die EZB ist ausdrücklich zur Preisstabilität verpflichtet. Um diese Zielsetzung sicherzustellen, ist sie unabhängig von Weisungen politischer Instanzen. Des Weiteren darf sie keine öffentlichen Haushaltsdefizite finanzieren.

Die Aufgaben der EZB sind:
a) *Preisstabilität* gewährleisten
b) Zahlungsverkehr in EU organisieren
c) Währungsreserven verwalten
d) Eurowährung in Umlauf bringen

48 **Wann wurde die Europäische Zentralbank (EZB) errichtet und wo hat sie ihren Sitz?**

a) Die EZB wurde am 1. Juni 1998 errichtet.
b) Die EZB hat ihren Sitz in Frankfurt am Main.

49 **Wie sollte sichergestellt werden, dass nur stabile Währungen an der Währungsunion teilnehmen?**

In einem **Stabilitätspakt** verpflichteten sich die Mitgliedsländer der Währungsunion, bestimmte Grenzen bei der *Staatsverschuldung*, der *Haushaltsverschuldung*, dem *Preisanstieg* und dem *Zinsniveau* nicht zu überschreiten. Beispiele: Jährliche Neuverschuldung höchstens 3 % des Bruttoinlandsprodukts (BIP), gesamte Staatsverschuldung höchstens 60 % des BIP.

Anmerkung: Auch nach Eintritt in die Währungsunion muss ein Land diese Grenzen einhalten, anderfalls mus es „Strafe" zahlen.

50 Erläutern Sie, was man unter der Eurokrise versteht.

Die Einhaltung der Stabilitätskriterien wurde in der Vergangenheit nicht konsequent durchgesetzt. Deshalb konnten einige Euroländer so viele Schulden anhäufen, dass sie sich keine neuen Kredite mehr leisten können. Weil die Geldgeber Angst haben, das Geld nicht zurückzuerhalten, sind auch die Zinsen für diese Länder gestiegen. Da die Anleger befürchten, dass sich die Pleite eines Eurolandes auf die Währung Euro und die anderen Euroländer auswirkt, spricht man von der **Eurokrise.**

51 Welche Euroländer haben derzeit (Oktober 2013) Probleme mit ihren Schulden?

Zu den Staaten mit den größten Problemen gehören derzeit Griechenland, Portugal, Irland, Zypern und Italien. Aber auch Länder wie Frankreich werden von den internationalen Ratingagenturen bereits kritisch beobachtet.

52 Welche Maßnahmen der Euroländer sollen dazu beitragen, die Eurokrise zu lösen?

1. Die EZB kauft niedrig verzinste Staatsanleihen verschuldeter Eurostaaten auf.
2. Der „**Dauerhafte Europäische Rettungsschirm (ESM)**" soll als neugegründete Gesellschaft überschuldeten Ländern mit günstigen Krediten helfen.
3. In einem **Fiskalpakt** haben sich die Eurostaaten verpflichtet, eine Schuldenbremse in ihre Verfassung aufzunehmen und strengere Stabilitätskriterien einzuhalten. Bei deren Verletzung sollen automatisch drastische Geldbußen fällig werden.

Anmerkung: Mit Ausnahme Großbritanniens erklärten sich auch die Nichteuroländer der EU dazu bereit, am Fiskalpakt teilzunehmen.

Erweiterung der EU

53 Mit welchen Staaten werden derzeit Beitrittsverhandlungen geführt?

– Türkei (Beginn der Verhandlungen 2005)
– Mazedonien (Beitrittskandidat seit 2005, Beginn der Verhandlungen noch offen)
– Montenegro (Beitrittskandidat seit 2010, Beginn der Verhandlungen 2012)
– Serbien (Beitrittskandidat seit 2012, Beginn der Verhandlungen noch offen)

54 Welche Vorteile erwarten beitrittswillige Staaten von einer Mitgliedschaft in der EU? Nennen Sie zwei Vorteile.

Wirtschaftlich:
– Unterstützung durch die wirtschaftlich stärkeren Mitglieder
– Abbau eventuell vorhandener Arbeitslosigkeit
– neue Absatzmärkte
– höherer Lebensstandard

Politisch:
– höheres internationales Ansehen
– größeres europäisches und internationales Mitspracherecht
– international vertreten sein
– einklagbare europäische Menschenrechte

55 Welche Voraussetzungen muss ein Land erfüllen, um Mitglied in der EU zu werden? Nennen Sie fünf Voraussetzungen.

– Es muss ein europäisches Land sein.
– In der Verfassung müssen die Menschenrechte für jedermann garantiert sein.
– Offene Marktwirtschaft mit freiem Wettbewerb muss vorhanden sein.
– Alle Verträge, Gesetze, Verordnungen der EU müssen in das nationale Recht übernommen und angewendet werden.
– Die Wirtschaft und die Landwirtschaft müssen dem Wettbewerb des Binnenmarktes gewachsen sein.

|56| Welches EU-Organ überprüft, ob die Voraussetzungen gegeben sind?

Die EU-Kommission

|57| Welche EU-Organe beschließen den Beitritt eines Staates?

Der Beitritt muss vom Rat der EU einstimmig beschlossen werden, das EU-Parlament muss mehrheitlich zustimmen, alle Mitgliedsstaaten der EU und das Beitrittsland müssen den Beitrittsvertrag ratifizieren.

|58| Wichtige europäische Einrichtungen sind in Europa verteilt. Nennen Sie hierzu drei Beispiele.

EZB:	Frankfurt
Europol:	Den Haag
Europäische Umweltagentur:	Kopenhagen
Agentur für Zulassung von Arzneimitteln:	London

|59| Wie heißt die europäische Polizei und welche Aufgaben hat sie übernommen?

a) Europol (1994 gegründet)
b) – Kampf gegen Drogenhandel, Schleuserkriminalität, Kinderpornografie, Kfz-Verschiebung, Terrorismus, Geldwäsche
  – Koordinierende Aufgaben im Bereich des Datenaustausches
  – Zusammenarbeit mit Interpol

Globalisierung und Friedenssicherung

Globalisierung

1 „Die Welt ist ein globales Dorf."

Belegen Sie diese Aussage durch Beispiele aus

a) der Wirtschaft,
b) der modernen Kommunikation,
c) der Umwelt und Sicherheit.

a) *Wirtschaft:*
 – Die Verflechtung der Finanzmärkte und freier Kapitalverkehr führen dazu, dass weltweit täglich mehr als 1,2 Billionen Dollar gehandelt werden.
 – Handelshemmnisse werden zunehmend abgebaut.
 – Direktinvestitionen und Firmenaufkäufe im Ausland nehmen ständig zu.

b) *Moderne Kommunikation:*
 – vernetzte Welt durch moderne Kommunikationstechniken wie Fax, Internet, Glasfaserkabel, Laptop, Mobiltelefon, Satellitentechnik
 – Informationen sind so gut wie an jedem Punkt der Erde in „real time" verfügbar

c) *Umwelt und Sicherheit:*
 Globale Gefährdungen mit weltweiten Auswirkungen auf die Ernährungslage und die Gesundheit, z. B.
 – Ozonloch,
 – CO_2-Ausstoß,
 – Lebensmittelskandale,
 – Nachfrage nach Edelhölzern,
 – internationaler Terrorismus.

2 Welche Auswirkungen hat die Globalisierung auf die Unternehmen?

Unternehmen können sich den optimalen Standort suchen. Dies kann beispielsweise bedeuten: Forschen in den USA, Entwickeln in Indien, Einkaufen in Malaysia, Produzieren in Taiwan, Finanzieren in Deutschland und Vertrieb im Internet. Die Herstellung von Gütern durch nur eine Nation verliert immer mehr an Bedeutung. Selbst dort, wo „Made in Germany" steht, wie z. B. bei Autos aus Stuttgart, wurden zuvor Einzelteile aus aller Welt geliefert.

3 **Welche Auswirkungen hat die Globalisierung auf die Arbeitswelt und wie kann der einzelne Arbeitnehmer darauf reagieren?**

a) – In vielen Branchen werden Arbeitsplätze ins Ausland verlagert.
– Die Arbeitslosigkeit nimmt zu.

b) Anforderungen an den Einzelnen:
– verbesserte Ausbildung
– mehr Mobilität und Flexibilität
– Sprachkenntnisse, vor allem Englisch

4 **Welche Folgen der Globalisierung sehen Sie im Bereich der sozialen Absicherung?**

– Das hohe Maß sozialer Absicherung vieler Industriestaaten wird auf Dauer nicht zu halten sein.
– Jeder Einzelne wird sich zusätzlich privat absichern müssen, z. B. in Deutschland zusätzlich zur Rentenversicherung.

Nord-Süd-Gefälle

■ Probleme der Entwicklungsländer und Ursachen der Unterentwicklung

5 **Was versteht man unter dem Begriff „Nord-Süd-Gegensatz"?**

Die reichen Industrieländer liegen größtenteils auf der Nordhalbkugel der Erde. Sie stellen 15 % der Weltbevölkerung und Verfügen über 64 % des Welteinkommens.
Der größte Teil der Entwicklungsländer liegt auf der Südhalbkugel der Erde. Sie stellen 85 % der Weltbevölkerung und können nur 36 % des Welteinkommens verbrauchen.

6 **Erklären Sie die Begriffe**
a) 1. Welt
b) 2. Welt
c) 3. Welt
d) 4. Welt

a) **1. Welt** = westliche Industrieländer, z. B. Bundesrepublik Deutschland, USA, Schweiz

b) **2. Welt** = östliche Industrieländer, z. B. Russland, Ukraine, Rumänien

c) **3. Welt** = Schwellenländer = Entwicklungsländer, die an der Schwelle zum Industrieland stehen, z. B. Chile, Mexiko, Brasilien

d) **4. Welt** = allerärmste Entwicklungsländer ohne Rohstoffvorkommen, z. B. Afghanistan, Sudan, Äthiopien, Haiti

7 Nach einer Einteilung der Vereinten Nationen zählen Staaten mit einem Bruttosozialprodukt je Einwohner bis zu 2.000 US-Dollar zu den ärmsten und mit mehr als 20.000 US-Dollar zu den reichsten Ländern der Erde.

In der oben abgebildeten Weltkarte sind zehn der reichsten Industriestaaten mit den Zahlen ① bis ⑩ und zehn der ärmsten Entwicklungsländer mit den Zahlen ⑪ bis ⑳ gekennzeichnet.

Benennen Sie die mit den Zahlen ① bis ⑳ bezeichneten Staaten.

a) **Zu den reichsten Industriestaaten gehören z. B.:**
① Schweiz
② USA
③ Norwegen
④ Schweden
⑤ Kanada
⑥ Österreich
⑦ Deutschland
⑧ Australien
⑨ Island
⑩ Niederlande

b) **Zu den ärmsten Entwicklungsländern gehören z. B.:**
⑪ Nepal
⑫ Myanmar
⑬ Äthiopien
⑭ Haiti
⑮ Südsudan
⑯ Afghanistan
⑰ Madagaskar
⑱ Niger
⑲ Eritrea
⑳ Demokratische Republik Kongo

8 Wie wird der Wohlstand (Lebensstandard) eines Staates gemessen?

Der relative Wohlstand eines Staates wird dadurch ermittelt, dass die Gesamtsumme des Bruttoinlandsprodukts*) dieses Staates durch seine Bevölkerungszahl geteilt wird. Man erhält dann das Bruttoinlandsprodukt pro Kopf der Bevölkerung.

*) **Bruttoinlandsprodukt (BIP)**
= der Wert aller Güter und Dienstleistungen, die innerhalb eines Jahres in einem Staat innerhalb der Landesgrenzen erzeugt werden. Das BIP wird zu Marktpreisen bewertet.

9 Woran erkennt man Entwicklungsländer?

Nennen Sie drei Merkmale.

a) Historische Entwicklung (fast alle Entwicklungsländer sind ehemalige Kolonien)
b) großes Bevölkerungswachstum
c) Bevölkerungsschichten (kleine Oberschicht, fehlende Mittelschicht, große Unterschicht)
d) mangelhafte Ernährung großer Teile der Bevölkerung
e) Analphabetentum
f) Kapitalmangel
g) einfache und rückständige Technologie
h) geringes Pro-Kopf-Einkommen

10 Wodurch unterscheiden sich Entwicklungsländer und Industrieländer?

Nennen Sie vier Unterscheidungsmerkmale.

Zum Beispiel:
a) Bevölkerungsentwicklung
b) Bildungsniveau
c) Soziale Sicherung
d) Wohnverhältnisse
e) Ernährungsgewohnheiten
f) Technische und wirtschaftliche Kenntnisse

11 Warum ist das Bevölkerungswachstum in den Entwicklungsländern so groß?

Nennen Sie zwei Gründe.

a) Medizinische Fortschritte
b) Hygienische Fortschritte
c) Sinkende Sterbezahlen
d) Fehlende Geburtenkontrolle
e) Da es selten eine staatliche Sozialversicherung gibt, gelten viele Kinder oft als Sozialversicherung der Eltern.

12 **Warum gibt es in der Dritten Welt in vielen Städten ein starkes Wachstum der Einwohnerzahl?**
Nennen Sie drei Gründe.

a) Landflucht wegen ungleicher Bodenverteilung und Bodenmangel.
b) Die medizinische Versorgung in Städten ist besser.
c) Viele Zuwanderer der Städte flüchten vor Bürgerkrieg auf dem Land.
d) Bessere Überlebenschancen durch Gelegenheitsarbeiten und die Erreichbarkeit internationaler Hilfeleistungen.

13 **Wie beeinträchtigt das hohe Bevölkerungswachstum die Entwicklungsmöglichkeiten der Dritten Welt?**
Nennen Sie drei Gründe.

Zum Beispiel:
a) Erreichtes Wirtschaftswachstum kann nicht für steigenden Lebensstandard eingesetzt werden. Es reicht meist nicht einmal für die Versorgung der gewachsenen Bevölkerung.
b) Die Nahrungsmittelproduktion hält nicht Schritt; es entsteht Abhängigkeit von Hilfslieferungen.
c) Versorgungseinrichtungen wie Schulen, Krankenhäuser usw. können mit der wachsenden Bevölkerungszahl nicht Schritt halten.

14 **Erklären Sie den Unterschied zwischen**
a) quantitativer und
b) qualitativer
Unterernährung.

a) **Quantitative Unterernährung:**
= Die Nahrungsmenge reicht nicht aus.
b) **Qualitative Unterernährung:**
= Einseitige Ernährung, d. h., die Güte (Qualität) der Nahrung ist mangelhaft; es fehlen Vitamine, Eiweiß usw.

15 **Warum sind die Entwicklungsländer besonders von der Entwicklung der Rohstoffpreise abhängig?**

Für viele Entwicklungsländer ist der Verkauf von Rohstoffen die einzige Einnahmequelle.

16 **Nennen Sie zwei Entwicklungsländer und deren wichtigsten Rohstoff.**

a) Ägypten = Baumwolle + Baumwollerzeugnisse über 44 %
b) Sambia = Kupfer über 80 %
c) Kolumbien = Kaffee bis 70 %
d) Iran = Rohöl + Rohölprodukte um 95 %

| 17 Wie wirkt sich ein Sinken der Rohstoffpreise für die Entwicklungsländer aus? | Sinkende Rohstoffpreise
= sinkende Einnahmen der Entwicklungsländer
= sinkende Fähigkeit der Entwicklungsländer, bei den Industrieländern technische Ausrüstungen zu kaufen
= Verzögerung der Entwicklung der Entwicklungsländer
= immer höhere Verschuldung bei den Industrieländern |

◼ Entwicklungshilfe

| 18 Warum leisten Industrieländer Entwicklungshilfe?
Nennen Sie drei Gründe. | a) Entwicklungshilfe ist ein Gebot der Menschlichkeit.
b) Entwicklungshilfe hat wirtschaftliche Gründe (Sicherung von Arbeitsplätzen, Absatzmärkten und Rohstoffquellen).
c) Der Abbau des Nord-Süd-Gefälles durch Entwicklungshilfe liegt im politischen Interesse der Industrieländer.
d) Entwicklungshilfe dient der Friedenssicherung. |

| 19 Nennen Sie drei Möglichkeiten einer sinnvollen Entwicklungshilfe. | a) **Hilfe zur Selbsthilfe:**
= oberster Grundsatz
b) **Handelspolitische Hilfe:**
= Zollvergünstigungen, Garantie der Rohstoffpreise usw.
c) **Finanzhilfe:**
= Investitionskapital zu günstigen Konditionen, Schuldenerlass
d) **Technische Hilfe:**
= Zusammenarbeit von Betrieben, gemeinsame Forschung, Ausbildung von Spezialisten durch die Industrieländer
e) **Agrarhilfe:**
= Hilfe zur Steigerung der Nahrungsproduktion |

20 **Was versteht man unter dem entwicklungspolitischen Grundsatz „Hilfe zur Selbsthilfe"?**

Entwicklungshilfe sollte so angelegt sein, dass dadurch Arbeitsplätze geschaffen und die Betroffenen zu selbstständiger Arbeit angeregt werden.

Nahrungsmittelhilfe bringt keinen entwicklungspolitischen Fortschritt, sie kann höchstens akute Not lindern.

Bei regelmäßiger Hilfe besteht die Gefahr einer passiven Grundeinstellung der Bevölkerung in den Empfängerländern. Wohlstand kann auf Dauer nicht übertragen werden, er muss vor Ort entstehen.

■ **Globalisierung und Friedenssicherung**

21 **Im 20. Jahrhundert gab es zwei Weltkriege. Millionen Kriegstote und das Leid der Überlebenden ließen die Forderung aufkommen: „Nie wieder Krieg."**

Mithilfe welcher Organisationen wollten die Politiker dieses Ziel

a) nach dem 1. Weltkrieg
b) nach dem 2. Weltkrieg

erreichen?

a) **Völkerbund**
b) **UNO** (Vereinte Nationen), derzeit 193 Mitglieder*)

---

*) Stand: 1. 10. 2013

22 **Wozu haben sich alle Staaten, die Mitglieder der UNO sind, verpflichtet?**

Friedliche Schlichtung internationaler Streitigkeiten

UNO-Flagge

23 Welche Maßnahmen kann die UNO ergreifen, um den Frieden zu sichern oder wieder herzustellen.

Nennen Sie zwei Maßnahmen.

Zum Beispiel:
a) Wirtschaftliche und politische Sanktionen
b) Politische Verurteilung
c) Einsatz von Waffengewalt

24 Welche Ziele haben sich die Vereinten Nationen (UNO) gesetzt?

Nennen Sie zwei Ziele.

a) Bewahrung des Weltfriedens
b) Durchsetzung der Menschenrechte
c) Verbesserung der Lebensbedingungen aller Menschen

25 Nennen Sie die wichtigsten Organe der Vereinten Nationen (s. nachfolgendes Schaubild).

a) **Vollversammlung**
b) **Sicherheitsrat**
c) **Internationaler Gerichtshof**
d) **Generalsekretär**

26 Wie heißt der UN-Generalsekretär?

Ban Ki-moon aus Südkorea
(Stand 1. 10. 2013)

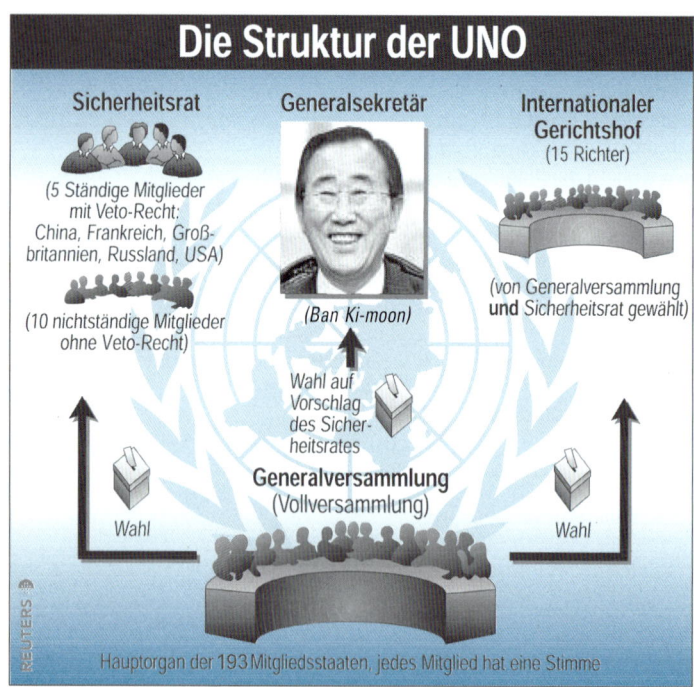

Die Struktur der UNO

Sicherheitsrat

(5 Ständige Mitglieder mit Veto-Recht: China, Frankreich, Großbritannien, Russland, USA)

(10 nichtständige Mitglieder ohne Veto-Recht)

Generalsekretär

(Ban Ki-moon)

Wahl auf Vorschlag des Sicherheitsrates

Internationaler Gerichtshof
(15 Richter)

(von Generalversammlung und Sicherheitsrat gewählt)

Generalversammlung
(Vollversammlung)

Wahl

Wahl

REUTERS

Hauptorgan der 193 Mitgliedsstaaten, jedes Mitglied hat eine Stimme

27 Die Vereinten Nationen unterhalten mehrere Sonderorganisationen.
Nennen Sie drei Beispiele.

a) **UNESCO**
= Erziehungs-, Wissenschafts- und Kulturorganisation
b) **IMF**
= Internationaler Währungsfonds
c) **WHO**
= Welt-Gesundheitsorganisation
d) **FAO**
= Welt-Ernährungsorganisation
e) **UNICEF**
= Weltkinderhilfswerk

28 Welche Sonder- und Hilfsorganisationen der Vereinten Nationen sind schwerpunktmäßig auf dem Gebiet der Entwicklungshilfe tätig?
Nennen Sie drei Beispiele.

a) UNCTAD
= Welthandels- und Entwicklungskonferenz
b) UNIDO
= Organisation für industrielle Entwicklung
c) WHO
= Weltgesundheitsorganisation
d) IBRD
= Weltbank
e) UNICEF
= Kinderhilfswerk
f) WTO
= Welthandelsorganisation

29 Nennen Sie zwei Aufgaben der Welthandels- und Entwicklungskonferenz UNCTAD.

Die UNCTAD

a) ist Hauptforum der Dritten Welt zur Durchsetzung ihrer wirtschaftlichen Vorstellungen
b) fördert den Nord-Süd-Dialog
c) fördert den Handel mit Entwicklungsländern

30 Welche Hauptaufgabe hat die Internationale Bank für Wiederaufbau und Entwicklung (Weltbank)?

Ihre Hauptaufgabe ist die Reduzierung der Armut, daneben die Finanzierung von Umwelt- und Entwicklungsprojekten.

31 Für welche Projekte können Regierungen der Entwicklungsländer Kredite bei der Weltbank beantragen?

Solche Projekte können sein

a) Verbesserung der Infrastrukturmaßnahmen wie z. B. Wasserversorgung, Abfallbeseitigung

b) Hilfen für die Familienplanung

c) Aufbau eines Gesundheitsdienstes

d) Nahrungsmittelhilfen

32 Wie kann die Weltbank den Bildungsnotstand (Analphabetismus) in den Ländern Afrikas, Asiens und Lateinamerikas bekämpfen helfen?

Durch den Ausbau der Informationstechnik können Schulklassen zukünftig über Satellitenverbindung unterrichtet werden.

33 Wie heißt die Sonderorganisation der UN, die sich mit der Förderung der weltweiten (globalen) Zusammenarbeit in Umweltfragen beschäftigt?

Es ist die 1972 von der Vollversammlung der UN gegründete **UNEP** (United Nations Environment Programme).

34 Nicht nur Kriege, sondern auch Umweltkatastrophen haben globale Auswirkungen. Zählen Sie drei Aufgaben auf, die sich die UNEP gestellt hat.

a) Verbreitung von Informationen zum Umweltschutz

b) Erstellen von Richtlinien zum globalen Umweltschutz

c) Maßnahmen zum Schutz der Ozonschicht

d) Maßnahmen zum Schutz des Bodens und des Waldes

e) Erstellen von Programmen zur Förderung der Energieeinsparung

35 Zunehmende Bedeutung bekommen sogenannte Nichtstaatliche Organisationen (Non-Government-Organizations). Erklären Sie diesen Begriff.

Die NGO sind überparteiliche Organisationen zum Nutzen der Allgemeinheit ohne Abhängigkeit von irgendwelchen staatlichen Stellen.

36 Nennen Sie drei bekannte NGO (Nichtstaatliche Organisationen).

a) BUND (Bund für Umwelt und Naturschutz
b) Greenpeace
c) Amnesty International
d) Cap Anamur/Deutsche Notärzte e. V.
e) NABU (Naturschutzbund Deutschland)
f) Medecins sans Frontieres/Ärzte ohne Grenzen e. V.

37 Nennen Sie drei Aufgaben von NGO.

a) Erhaltung der Artenvielfalt auf unserem Globus (z. B. Walfangverbot)
b) Schutz des tropischen Regenwaldes
c) Maßnahmen zur Senkung des CO_2-Ausstoßes
d) Maßnahmen zur Erhöhung des Umweltbewusstseins bei den nationalen Regierungen
e) Maßnahmen zur Einhaltung der Menschenrechte bei den nationalen Regierungen
f) Maßnahmen zum Schutz der Frauen in Afrika
g) Maßnahmen zur Einstellung von Atomwaffentests
h) Aufnahme und Versorgung von Flüchtlingen weltweit (Bootsflüchtlinge)

38 Zählen Sie drei Möglichkeiten auf, wie NGO auf ihre Ziele aufmerksam machen.

a) Friedliche Demonstrationen
b) Friedliche medienwirksame Protestaktionen
c) Strafanzeigen und Klage bei Verstößen gegen geltendes nationales und internationales Recht
d) Öffentliche Auftritte in den Medien
e) Darstellung im Internet

39 Mindestens einmal im Jahr treffen sich die Staats- und Regierungschefs der führenden Wirtschaftsnationen zum sogenannten Weltwirtschaftsgipfel.
Welche Staaten nehmen daran teil?

Bei den Verhandlungen der Großen Acht (**G-8**) nehmen die USA, Kanada, Japan, Deutschland, Frankreich, Italien, Großbritannien und Russland (seit 1998) teil.

40 Nimmt die EU an diesem Weltwirtschaftsgipfel auch teil?

Bei den Verhandlungen der G-8-Staaten ist die EU als einheitlicher Wirtschaftsraum durch den Präsidenten der EU-Kommission vertreten.

41 Welche Ziele haben sich die G-8-Staaten gesteckt?

a) Die Entwicklung der Weltwirtschaft gemeinsam zu beurteilen.
b) Bei Krisen der Weltwirtschaft nach gemeinsamen Lösungen zu suchen.
c) Ihre Wirtschafts- und Währungspolitik aufeinander abzustimmen.
d) Ihre Außen- und Sicherheitspolitik aufeinander abzustimmen.
e) Ihre Entwicklungs- und Umweltpolitik aufeinander abzustimmen.

42 Welche Bedeutung haben diese acht Staaten in der Weltwirtschaft?

a) Rund 52 % aller wirtschaftlichen Leistungen weltweit werden in diesen Staaten erbracht.
b) Beinahe die Hälfte des gesamten Welthandels geht von diesen Staaten aus.

Konflikte

43 Nennen Sie drei Gründe für die Entstehung internationaler Konflikte.

Internationale Konflikte können entstehen durch:

- unterschiedliche Weltanschauung
- Anstrebung militärischer Überlegenheit
- Wohlstandsgefälle
- Eroberungsabsichten eines Diktators
- Vorurteile gegenüber anderen Nationen, Völkern, Rassen und Religionen
- den Aufbau von Feindbildern

44 Was versteht man unter Vorurteilen?

Vorurteile sind Einstellungen gegenüber Menschen und Dingen, die sachlich unbegründet sind und nicht durch eigene Erfahrungen belegt werden können.

45 Welches Ziel verfolgen manche Staaten mit der Verbreitung von Feindbildern?

Ziel von Feindbildern:
- Herbeiführung von Einigkeit in den eigenen Reihen
- Ablenkung von innenpolitischen Problemen

46 Warum kommt es in unserer Zeit immer wieder zu militärischen Konflikten? Beschreiben Sie drei mögliche Ursachen.

a) **Imperialistische Ursachen, z. B.:**
  – Machtausweitung
  – Gebietseroberungen
b) **Wirtschaftliche Ursachen, z. B.:**
  – Besitz von Bodenschätzen und Produktionsanlagen
  – Eroberung von Absatzmärkten und Arbeitskräften
c) **Religiöse Ursachen**
  – Kriege zwischen verschiedenen religiösen Gruppen
d) **Ideologische Ursachen**
  – Kriege zur Durchsetzung eines politischen Weges

47 Nennen Sie drei Beispiele für aktuelle internationale Konflikte.

a) **Nord-Süd-Konflikt** zwischen wohlhabenden Industriestaaten und armen Entwicklungsländern

b) **Palästina-Konflikt** zwischen Israelis und Arabern

c) **Konflikte zwischen EU-Mitgliedsstaaten** wegen unterschiedlicher Interessen

d) **Afghanistan-Konflikt** zwischen afghanischer Regierung und islamistischen Taliban-Kämpfern

48 Nennen Sie fünf Kriege, die in den letzten Jahren stattgefunden haben und geben Sie die Ursache an.

a) Afghanistan: Bekämpfung des bestehenden Regimes

b) Algerien: Islamische Fundamentalisten wollen Regierung stürzen

c) Ruanda: Rassismus (Krieg verfeindeter Stämme)

d) Kosovo: Nationalismus, religiöse Gründe, ethnische Säuberung

e) Türkei: Nichtanerkennung des kurdischen Volkes

f) Darfur: Unabhängigkeitsbestrebungen, Erdölvorkommen

g) Golfkrieg: Gebietseroberungen, Erdölvorkommen

h) Libanon: Konflikt zwischen Israel und der Hisbollah, die israelische Soldaten entführt hat.

49 Durch welche Maßnahmen kann die Kriegsgefahr verringert werden?

Möglichkeiten für die Verringerung der Kriegsgefahr:

a) **Völkerverständigung** und Friedenserziehung

b) **Entspannungspolitik** durch politische Verhandlungen zwischen Gegnern

c) **Sicherheitspolitik** durch Militärbündnisse und Abschreckungsstrategien

d) **Rüstungskontrolle** durch zweiseitige Abrüstungsverträge

50 Wodurch lassen sich kriegerische Auseinandersetzungen in der Welt vermeiden bzw. unterbinden?
Überlegen Sie sich drei politische Maßnahmen.

Zum Beispiel:
a) In Verhandlungen Kompromisse anstreben, die beiden Seiten gerecht werden.
b) Friedenserhaltende Maßnahmen der Vereinten Nationen müssen notfalls auch militärisch durchgesetzt werden.
c) Kriegsverbrecher müssen vor einem internationalen Gerichtshof zu echten Strafen verurteilt werden.
d) In allen Schulen der Welt sollte das Fach Friedenserziehung gelehrt werden.

Militärische Friedenssicherung

■ **Bundeswehr**

51 Seit wann gibt es die Bundeswehr?

Nach der Aufnahme der Bundesrepublik Deutschland in die NATO am 5. 5. 1955 begann Anfang 1956 der Aufbau der Bundeswehr.

52 Welche Aufgaben hat die Bundeswehr?

Die Bundeswehr
a) **verteidigt** Deutschland und seine Verbündeten.
b) **schreckt** mögliche Angreifer **ab**.
c) dient dem **Weltfrieden** und der internationalen Sicherheit.
d) hilft bei **Katastrophen** und **humanitären Aktionen**, z. B. Somalia, Kambodscha.
e) **unterstützt die Polizei** in besonderen Fällen, z. B. bei einer schweren Naturkatastrophe.

53 In welchen Krisengebieten ist die Bundeswehr derzeit (2013) im Einsatz?
Nennen Sie zwei solcher Gebiete.

– Afghanistan
– Türkei
– Horn von Afrika
– Kosovo
– Libanon
– Mali
– Südsudan
– Sudan
– Usbekistan
– Senegal

54 Welche wichtigen Grundsätze sind in der Wehrverfassung geregelt?

Die Wehrverfassung regelt:
a) Die politische Führung ist der militärischen übergeordnet.
b) Die Rechte des Soldaten als Staatsbürger in Uniform.

55 Von wem wird die Bundeswehr politisch kontrolliert?

a) **Kommandogewalt:**
   – Friedenszeiten:
     Bundesverteidigungsminister
   – Verteidigungsfall:
     Bundeskanzler
b) **Parlamentarische Kontrolle durch:**
   – Bundestag
   – Verteidigungsausschuss
   – Wehrbeauftragten des Bundestages

56 Welche Aufgaben hat der Wehrbeauftragte* des Deutschen Bundestages?

– Er kontrolliert die Streitkräfte im Auftrag des Deutschen Bundestages.
– Er geht Missständen in der Bundeswehr nach.
– Soldaten können sich direkt an ihn wenden, wenn ihre Grundrechte verletzt werden.
– Er berichtet dem Bundestag jährlich über seine Tätigkeit.

* Seit 20. 5. 2010 Hellmut Königshaus

57 Beschreiben Sie, wie die demokratische Kontrolle der Bundeswehr sichergestellt wird.

Der Bundeswehrsoldat ist Bürger in Uniform mit allen Rechten und Pflichten. Parlamentarisch wird er durch den Verteidigungsausschuss des Bundestages kontrolliert.
Beschwerden über Probleme und Missstände bei den Soldaten nimmt der Wehrbeauftragte des Bundestages entgegen und sorgt für Abhilfe.
Die oberste Befehlsgewalt über die Bundeswehr liegt in Friedenszeiten beim Bundesverteidigungsminister und im Verteidigungsfall beim Bundeskanzler.

58 Nehmen Sie zu der Frage Stellung, ob die Einsatzmöglichkeiten der Bundeswehr für Frieden stiftende Maßnahmen der UNO erweitert werden sollten.

a) **Gründe für einen erweiterten Einsatz sind z. B.:**

Gewachsene Verantwortung Deutschlands für den Weltfrieden nach der Überwindung des Kalten Krieges und durch die Wiedervereinigung, weltweite Durchsetzung der Menschenrechte, nach dem Wegfall des Ost-West-Gegensatzes braucht die Bundeswehr eine neue Aufgabe

b) **Gründe für einen eingeschränkten Einsatz sind z. B.:**
Die Vergangenheit Deutschlands im 2. Weltkrieg, friedliche Möglichkeiten der Konfliktlösung, Mehrausgaben für die Bundeswehr, Gefahren für Gesundheit und Leben der Soldaten

59 Wann darf ein Bundeswehrsoldat den Befehl verweigern?

Wenn durch den Befehl
a) die Menschenwürde verletzt wird
b) eine Straftat verursacht wird
c) der dienstliche Bereich verlassen wird.

60 Was versteht man unter Wehrpflicht?

Anmerkung:
Seit dem 1.7.11 ist der Grundwehrdienst ausgesetzt. Stattdessen können Freiwillige 12 bis 23 Monate Wehrdienst leisten.

Wehrpflicht (Art. 12 a Abs. 1 GG):
Männer können vom vollendeten 18. Lebensjahr an zum Dienst in den Streitkräften, im Bundesgrenzschutz oder in einem Zivilschutzverband verpflichtet werden.

61 Seit 1990 wurde der Grundwehrdienst in mehreren Schritten verkürzt und zuletzt seit dem 1. Juli 2011 sogar ausgesetzt.
Nennen Sie zwei Gründe.

a) Ende des Kalten Krieges durch die Wiedervereinigung
b) Verringerung der Bundeswehrstärke auf 185 000 Soldaten bzw. Soldatinnen
c) Auswirkung von internationalen Verträgen
d) Kostensenkung

Anmerkung:
Die im Grundgesetz verankerte Wehrpflicht bleibt grundsätzlich bestehen. Im Spannungs- oder Verteidigungsfall kommt die Pflicht zum Wehrdienst automatisch wieder.

62 Aus welchem Grund kann man als Kriegsdienstverweigerer anerkannt werden?

Der Dienst kann aus Gewissensgründen verweigert werden.

63 Mit der Aussetzung des Wehrdienst wurde auch der Zivildienst ausgesetzt. Welche Maßnahme soll helfen, die Folge davon auszugleichen?

Die Schaffung des **Bundesfreiwilligendienstes (BFD)**.

64 Wie lange dauert der BFD?

In der Regel 12 Monate, mindestens aber 6, höchstens 18 Monate (in Ausnahmefällen 24 Monate).

65 Gibt es Altersbeschränkungen für den BFD?

Ja, frühestens darf der BFD mit 15 bzw. 16 Jahren (je nach Bundesland) geleistet werden (= nach Erfüllung der Vollzeitschulpflicht). Eine Altersgrenze nach oben besteht jedoch nicht.

■ NATO

66 In welchem Militärbündnis ist die Bundesrepublik Deutschland Mitglied?

NATO (Nordatlantische Verteidigungsgemeinschaft)

67 a) Warum wurde die NATO gegründet?
b) Nennen Sie das Gründungsdatum und die Zahl der Gründungsmitglieder.

a) Der Gegensatz zwischen den westlichen Staaten und der UdSSR verstärkte sich nach dem Ende des 2. Weltkriegs wieder. Die aggressive Politik der UdSSR bei der Einsetzung kommunistischer Regierungen in den Staaten Osteuropas, bei der Berliner Blockade und bei der Annexion (= gewaltsame Aneignung) der baltischen Staaten (Lettland, Estland, Litauen) verstärkten die Verteidigungsbereitschaft der westlichen Staaten. Das führte zur Gründung der NATO.

→

▷ *Fortsetzung der Antwort* ▷

b) Der Nordatlantikvertrag wurde am 4. April 1949 von zwölf westlichen Staaten unterzeichnet.

68 Wie wurde die Gründung des Warschauer Pakts am 14. Mai 1955 begründet?

Die Bundesrepublik Deutschland trat am 5. Mai 1955 der NATO und am 6. Mai 1955 der WEU (aufgelöst 2011) bei; zuvor war die Wiederbewaffnung der Bundesrepublik Deutschland beschlossen worden. Diese Tatsachen wurden von der UdSSR dazu benutzt, eine Erklärung für die Gründung des Warschauer Pakts zu liefern.

69 Suchen Sie auf der auf Seite 190 abgebildeten Landkarte die Mitgliedsstaaten der Nato heraus.

a) **Mitgliedsstaaten der NATO:**

① Albanien	⑮ Litauen
② Belgien	⑯ Luxemburg
③ Bulgarien	⑰ Niederlande
④ Deutschland	⑱ Norwegen
⑤ Dänemark	⑲ Polen
⑥ Estland	⑳ Portugal
⑦ Frankreich	㉑ Rumänien
⑧ Griechenland	㉒ Slowakei
⑨ Großbritannien	㉓ Slowenien
⑩ Island	㉔ Spanien
⑪ Italien	㉕ Türkei
⑫ Kanada	㉖ Tschechien
⑬ Kroatien	㉗ Ungarn
⑭ Lettland	㉘ USA

70 Zur Friedenssicherung stehen zwei verschiedene Ansichten zur Diskussion:
a) **Frieden durch Abschreckung**
b) **Frieden durch Entspannung.**
Nennen Sie zwei wesentliche Gedanken zu jeder Ansicht.

a) **Frieden durch Abschreckung:**
– Militärisches Gleichgewicht
– ständiges Wettrüsten
– hohe Verteidigungskosten

b) **Frieden durch Entspannung:**
– Abrüstungsverträge
– Nichtverbreitung von Kernwaffen
– Beschränkung von militärischen Atomtests
– Begrenzung von Raketensystemen

[71] Welche Auswirkung hatte die Wiedervereinigung Deutschlands am 3. Oktober 1990 für das NATO-Gebiet?

Seit 3. Oktober 1990 gilt die **NATO-Verteidigungsgarantie** auch für das Gebiet der früheren DDR (neue Bundesländer).

[72] Am 1. Juli 1991 hat sich der Warschauer Pakt in Prag selbst aufgelöst.
Welche Folgen hat die Auflösung des Warschauer Pakts?
a) für seine ehemaligen Mitglieder
b) für die NATO?

a) • Die gegenseitige Beistandsverpflichtung der ehemaligen Mitglieder ist durch die Auflösung des Warschauer Pakts erloschen.
  • Im Auflösungsvertrag wurde den ehemaligen Staaten des Warschauer Pakts das Recht eingeräumt, sich für ein Sicherheitsbündnis ihrer Wahl zu entscheiden.
b) • Die NATO hat keinen Feind mehr.

[73] Im November 1991 tagte in Rom die NATO-Gipfelkonferenz, um über die neue Lage für die NATO zu beraten.
Welche Ergebnisse hat diese Gipfelkonferenz für die NATO gebracht?

Ergebnisse des NATO-Gipfels 1991:
a) Die NATO hat keinen Feind mehr.
b) Die NATO versteht sich als Garant der Stabilität, des Friedens und als Förderer des friedlichen Wandels in Europa.
c) Die NATO gewährleistet weiterhin die Sicherheit ihrer Mitglieder.

[74] Welche Bedrohungen stehen heute aus der Sicht der NATO im Vordergrund?

a) Die unstabile Lage in vielen Ländern, z. B. in Afghanistan, Irak, Libanon.
b) Gefahren durch den internationalen Terrorismus, z. B. Anschläge in New York (2001), Madrid (2004), London (2005), Mumbai (Bombay; 2008).

[75] Wie will die NATO diesen Bedrohungen begegnen?

Durch Einsätze in Krisengebieten (z. B. im Auftrag der UN) zur Wahrung des Friedens, sogenanntes Krisenmanagement.

76 Seit 1994 bietet die NATO den Staaten Mittel- und Osteuropas eine „Partnerschaft für den Frieden" an.

Was versteht man darunter?

NATO-Partnerschaft für den Frieden:
= engere Zusammenarbeit in militärischen und sicherheitspolitischen Fragen mit der Möglichkeit einer späteren Mitgliedschaft in der NATO. Die Partnerschaftsländer können Verbindungsoffiziere zum NATO-Hauptquartier in Brüssel entsenden.

77 Suchen Sie auf der Landkarte (s. Seite 190) alle Staaten heraus, die den „NATO-Partnerschaftsvertrag für den Frieden" unterzeichnet haben.

Den „NATO-Partnerschaftsvertrag für den Frieden" haben folgende Staaten unterzeichnet:

① Armenien
② Aserbaidschan
③ Bosnien und Herzegowina
④ Finnland
⑤ Georgien
⑥ Irland
⑦ Kasachstan
⑧ Kirgisistan
⑨ Malta
⑩ Mazedonien
⑪ Moldawien
⑫ Montenegro
⑬ Österreich
⑭ Russland
⑮ Schweden
⑯ Schweiz
⑰ Serbien
⑱ Tadschikistan
⑲ Turkmenistan
⑳ Ukraine
㉑ Usbekistan
㉒ Weißrussland

Politische Friedenssicherung

78 Erklären Sie die Begriffe
a) Abrüstung
b) Rüstungskontrolle

a) **Abrüstung**
= <u>Verminderung</u> oder <u>Beseitigung</u> von Truppen und/oder Waffensystemen und/oder Rüstungsindustrien durch einen Staat oder eine Gruppe von Staaten

b) **Rüstungskontrolle**
= Schaffung eines <u>Gleichgewichts</u> hinsichtlich der vorhandenen Waffensysteme, ihrer Menge und Zerstörungskraft zwischen einigen Staaten

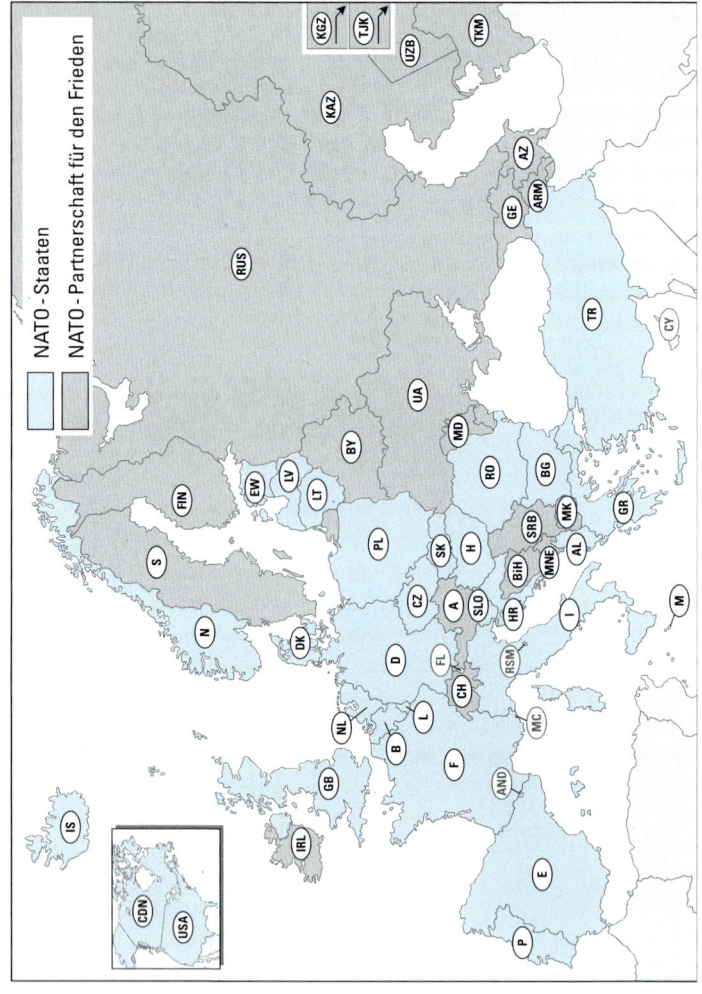

NATO - Staaten

NATO - Partnerschaft für den Frieden

[79] Nennen Sie zwei wichtige Vereinbarungen bzw. Konferenzen, die der Friedenssicherung dienen bzw. dienten.

a) **SALT I–III**
= Gespräche über die **Begrenzung** strategischer Waffen

b) **MBFR**
= Verhandlungen über ausgewogenen Abbau von Truppen und konventionellen Waffen

c) **OSZE**
= Organisation für Sicherheit und Zusammenarbeit in Europa

d) **Ostverträge**
zum Beispiel:
– Grundlagenvertrag
– Moskauer Vertrag
– Prager Vertrag
– Warschauer Vertrag

e) **Atomwaffensperrvertrag**

[80] Erklären Sie die Bedeutung folgender Abkürzungen:
a) START
b) INF
c) KVAE
d) VKSE
e) VSBM

a) **START** = Verhandlungen über die **Reduzierung** strategischer Atomwaffen

b) **INF** = Verhandlungen über **Reduzierung** nuklearer Mittelstreckenwaffen. Die Verhandlungen führten im Dezember 1987 zum Abschluss eines Vertrages, in dem die Verschrottung aller nuklearen Mittelstreckenwaffen beschlossen wurde.

c) **KVAE** = Konferenz über Vertrauensbildung und Abrüstung in Europa
Fortführung der KVAE als:

d) **VKSE** = Verhandlungen über konventionelle Streitkräfte in Europa

e) **VSBM** = Verhandlungen über vertrauens- und sicherheitsbildende Maßnahmen

Originalprüfungsaufgaben

1 Internationale Zusammenarbeit (Sommer 2001)

1. Erläutern Sie die Aussagen des Schaubildes (M 1).
2. Nennen Sie die Ursachen für das hohe Bevölkerungswachstum in den Entwicklungsländern.
3. Nennen Sie 3 mögliche Folgen der starken Zunahme der Erdbevölkerung.
4. Erklären Sie, was man unter dem „Nord-Süd-Konflikt" versteht.
5. Beschreiben Sie das Problem, auf das die Karikatur (M 2) aufmerksam macht.
6. Begründen Sie, warum Industrieländer Entwicklungshilfe leisten. (3 Gründe)
7. Wie kann der Einzelne zur Lösung des Nord-Süd-Konfliktes beitragen? (Erläutern Sie 2 Vorschläge)

M 1

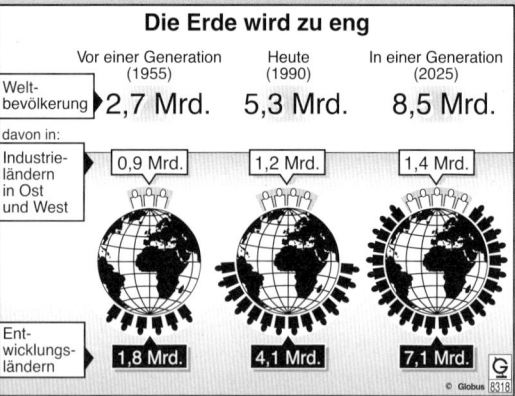

M 2

„Ist dir klar, dass ich dich in der Hand habe?"

Horst Haitzinger, München

2 Internationale Zusammenarbeit (Sommer 2005)

1. Nennen Sie drei wichtige Ziele der Charta der Vereinten Nationen (M 1).
2. Zur UNO gehören mehrere Sonder- und Hilfsorganisationen.
   Nennen Sie drei Beispiele.
3. In einem Konfliktfall kann die UNO Maßnahmen ergreifen.
   Beschreiben Sie zwei Möglichkeiten.
4. Formulieren Sie die in der Karikatur (M 2) ausgedrückte Kritik.
5. M 3 gibt Auskunft über die Anzahl der Flüchtlinge weltweit.
   Beschreiben Sie vier mögliche Gründe, warum Menschen auf der Flucht sind.
6. Entwickeln Sie eine Idee, wie das Flüchtlingsproblem gelöst werden könnte.

M 1

Charta der Vereinten Nationen

Art. 1 Ziele.

Die Vereinten Nationen setzen sich folgende Ziele:

1. den Weltfrieden und die internationale Sicherheit zu wahren und zu diesem Zweck wirksame Kollektivmaßnahmen zu treffen, um Bedrohungen des Friedens zu verhüten und zu beseitigen, Angriffshandlungen und andere Friedensbrüche zu unterdrücken und internationale Streitigkeiten oder Situationen, die zu einem Friedensbruch führen könnten, durch friedliche Mittel nach den Grundsätzen der Gerechtigkeit und des Völkerrechts zu bereinigen oder beizulegen;

2. freundschaftliche, auf der Achtung vor dem Grundsatz der Gleichberechtigung und Selbstbestimmung der Völker beruhende Beziehungen zwischen den Nationen zu entwickeln und andere geeignete Maßnahmen zur Festigung des Weltfriedens zu treffen;

3. eine internationale Zusammenarbeit herbeizuführen, um internationale Probleme wirtschaftlicher, sozialer, kultureller und humanitärer Art zu lösen und die Achtung vor den Menschenrechten und Grundfreiheiten für alle ohne Unterschied der Rasse, des Geschlechts, der Sprache und der Religion zu fördern und zu festigen;
   . . .

Quelle: www.uno.de

M 2

Luis Murschetz,
München

Im Sudan
angekommen

M 3

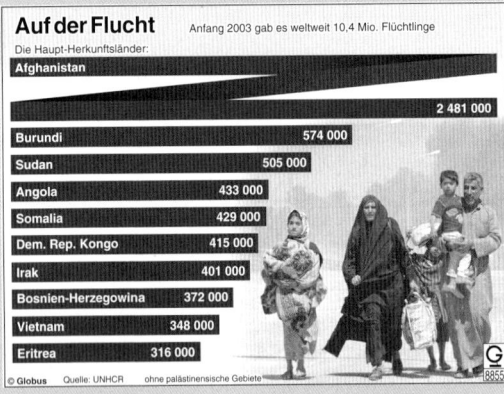

3 Internationale Zusammenarbeit (Winter 2006/2007)

1. Erklären Sie den Begriff „Globalisierung".
2. Formulieren Sie Beispiele für Globalisierung aus den Bereichen Politik, Wirtschaft, Kultur und aus Ihrem eigenen Leben.
3. Erklären Sie den Begriff „Nord-Süd-Gefälle". Als Hilfestellung können Sie das Schaubild (M 1) verwenden.
4. „Die Industrieländer stehen in der Verantwortung."
   Belegen Sie dies mit vier Aussagen aus dem Text (M 2).
5. Beschreiben Sie ein Beispiel für sinnvolle Entwicklungshilfe.

Lösungen auf Seite 201/202

M 1

Reiche Welt – arme Welt

Wirtschaftsleistung je Einwohner

Die Armen	bis 785 Dollar
Der untere Mittelstand	bis 3 115 Dollar
Der obere Mittelstand	bis 9 635 Dollar
Die Reichen	über 9 635 Dollar

Quelle: Weltbankatlas 1998

M 2

Die Industrieländer stehen in der Verantwortung

Für die Lösung der zentralen Zukunftsfragen der Welt sind nicht nur die Entwicklungsländer verantwortlich. Im Gegenteil: Europa, Australien, Japan und Nordamerika verbrauchen rund 80 Prozent der weltweit zur Verfügung stehenden Rohstoffe, ihre Einwohner verfügen über 83 Prozent des Welteinkommens, sie verzehren 60 Prozent aller Nahrungsmittel – und stellen dabei nur 22 Prozent der Weltbevölkerung. Die reichen Länder belasten mit ihrer Wirtschafts- und Lebensweise die Umwelt weit stärker, als es die ärmeren allein von ihrer Wirtschaftskraft her überhaupt könnten.

Entscheidende Entlastungen des Ökosystems können also nur die Industrieländer erreichen. Partnerschaftliche Zusammenarbeit ist also gefragt: Die Industrieländer müssen ebenso ihren Beitrag leisten wie die Länder des Südens. Zudem verfügen sie über Mittel und Technologien, um die armen Länder bei ihren Bemühungen zu einer nachhaltigen Entwicklung zu unterstützen.

Umwelt – Entwicklung – Nachhaltigkeit, Hrsg. Bundesministerium für wirtschaftliche Zusammenarbeit und Entwicklung (BMZ). Bonn 2002

Lösungen auf Seite 202

4 **Internationale Zusammenarbeit (Winter 2007/2008)**

1. Nennen Sie zwei Gründe, warum es nach dem 2. Weltkrieg zu einem Zusammenschluss von Staaten in Europa kam.

2. Benennen Sie in folgender Reihenfolge: die jüngsten zwei Mitgliedstaaten der EU, zwei Gründerstaaten der EG und zwei weitere EU-Staaten. Vermerken Sie in Klammern jeweils die Länderkennzahl (entsprechend M 1).

3. Ordnen Sie den vier EU-Organen *Europäisches Parlament, Europäischer Gerichtshof, EU-Kommission, Europäischer Rat* die nachstehenden vier Begriffe zu: Wächter über Verträge, Grundsatzentscheidungen der 27 Regierungschefs, 785 Abgeordnete, Exekutive der EU.

4. Am 01.01.2007 war Deutschland an der Reihe mit der EU-Rats-Präsidentschaft. Beschreiben Sie zwei zentrale Anliegen der deutschen Regierung (M 2).

5. Welcher der von der Bundeskanzlerin angesprochenen Bereiche (M 2) ist Ihnen besonders wichtig und wie stehen Sie persönlich dazu (begründete Stellungnahme)?

M 1

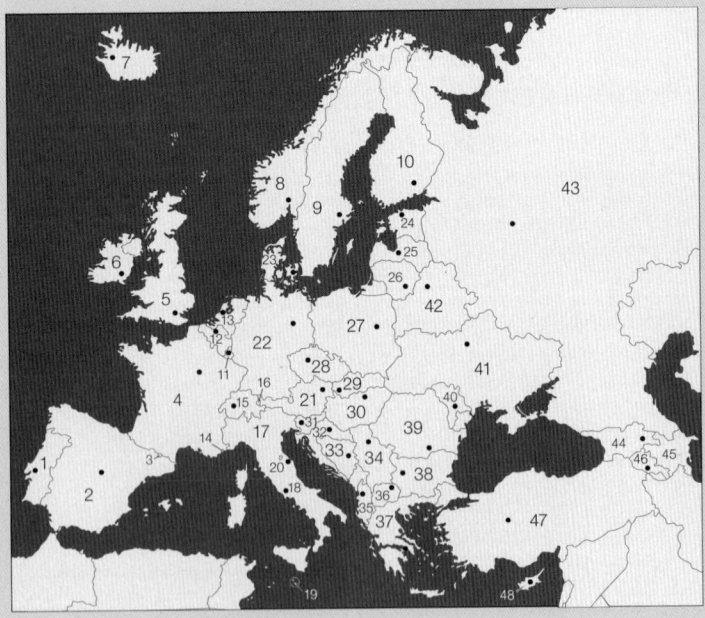

M 2

Herz und Kopf der Menschen gewinnen (Fr., 16.02.2007)

Bundeskanzlerin Angela Merkel hat im Bundesrat Ziele und Prioritäten der deutschen EU-Ratspräsidentschaft vorgestellt. Sie warb für einen intensiven Dialog mit den Bürgerinnen und Bürgern über Europa.

Bundeskanzlerin Merkel zu den Zielen der EU-Ratspräsidentschaft
„Wir alle wissen, dass die Zukunft Europas daran entschieden wird, ob die Menschen für dieses Projekt zu gewinnen sind", so die Kanzlerin. Die Ablehnung des Verfassungsvertrages in einigen europäischen Staaten zeige, dass viele Bürgerinnen und Bürger noch Zweifel haben.

Merkel erinnerte an den erfolgreichen EU-Projekttag an den deutschen Schulen am 22. Januar. Sie bat um weiteres Engagement der Bundesländer im Dialog mit den Menschen und regte an, dem Thema Europa an den Schulen ein noch stärkeres Gewicht zu geben.

Die zweite Hälfte der deutschen Ratspräsidentschaft werde durch den Verfassungsvertrag geprägt sein, so die Kanzlerin. Sie machte deutlich, dass die Handlungsfähigkeit der EU mit den bestehenden Verträgen nicht gegeben sei. Auch eine Aufnahme weiterer Mitgliedstaaten in die EU sei so nicht möglich.

Der Verfassungsvertrag hätte entscheidende Vorteile für Europa: mehr Demokratie, mehr Transparenz und mehr Bürgernähe.

Mit einem ambitionierten Vorschlag im Klimaschutz wolle die Präsident-schaft in die internationalen Verhandlungen über ein Kyoto-Nachfolge-abkommen gehen. „Wir werden anbieten, die CO_2-Emissionen in Europa um 30 Prozent zu senken", sagte Merkel.

Europa müsse zwei Dinge tun: Zum einen müsse es Vorreiter im Klimaschutz sein. Merkel zeigte sich davon überzeugt, dass Europa von entsprechenden technologischen Entwicklungen profitieren werde. Zum anderen müssten in internationalen Abkommen die großen CO_2-Emittenten wie Amerika und die Schwellenländer in die Reduktionsziele eingebunden werden.

Die Bundeskanzlerin nannte den Nahost-Konflikt, die Statusfrage des Kosovo und den Konflikt mit Iran um sein Nuklearprogramm als wichtige interna-tionale Herausforderungen. „Wir wollen unseren Beitrag als EU-Ratsprä-sidentschaft hier einbringen", so die Kanzlerin.

Worterklärung: Priorität = Vorrang (Im Sinne: dies ist besonders wichtig)

http://www.bundesregierung.de/nn 87716/Content/DE/Artikel/2007/02/2007-02-16-merkel-bundesrat.html (Zugriff v. 10.03.2007, gekürzt)

Lösungen auf Seite 202/203

5 Internationale Zusammenarbeit (Winter 2010/11)

1. 1957 wurden die sogenannten Römischen Verträge unterschrieben, die den Beginn der Europäischen Wirtschaftsgemeinschaft (EWG) begründeten. Nennen Sie sechs Gründungsmitglieder der EWG.
2. Nennen Sie drei Motive für ein vereintes Europa.
3. Vier Grundfreiheiten bestimmen das Zusammenleben innerhalb der Europäischen Union. Eine davon ist der freie Personenverkehr. Erläutern Sie, was darunter zu verstehen ist.
4. Seit dem 1. Dezember 2009 ist der „Vertrag von Lissabon" in Kraft. Erarbeiten Sie anhand von M 1 fünf Neuerungen, die sich durch den Vertrag ergeben.
5. Sehen Sie die Zukunft der EU eher optimistisch oder pessimistisch? Begründen Sie Ihre Meinung.

M 1

Die Reform schafft erstmals einen Präsidenten des Europäischen Rates. Der Belgier Herman Van Rompuy wird künftig die EU-Gipfeltreffen leiten und versuchen, in schwierigen Fragen für Übereinstimmung zu sorgen. Der Präsident vertritt die EU auf der Ebene der Staats- und Regierungschefs auf der internationalen Bühne. Aber die EU bekommt auch eine Art Außenminister, auch wenn der offiziell „Hoher Vertreter der Union für Außenbeziehungen und Sicherheitspolitik" heißt. Die neue „Außen-ministerin" Catherine Ashton leitet den EU-Außenministerrat, ist aber auch Vizepräsidentin der EU-Kommission. Es gibt weitere wichtige Änderungen. Das Europaparlament bekommt mehr Zuständigkeiten. Es entscheidet künftig in praktisch allen Fragen der Gesetzgebung mit. Das Parlament entscheidet gemeinsam mit dem Ministerrat über die Ausgaben. Nationale Parlamente können Gesetzgebungsverfahren der EU aufhalten. In vielen Ländern gibt es immer wieder heftige Debatten darüber, ob etwas unbedingt auf europäischer Ebene geregelt werden muss. Ein Drittel der nationalen Parlamente kann eine Überprüfung eines Gesetzesvorhabens erzwingen. Künftig gibt es eine Europäische Bürgerinitiative. Eine Million Bürger aus „einer erheblichen Anzahl von Mitgliedstaaten" können verlangen, dass die EU-Kommission zu einem Thema eine Regelung vorschlägt. Einzelheiten müssen noch festgelegt werden vor allem, was eine „erhebliche Anzahl" ist. Und erstmals wird es möglich sein, dass ein Mitglied aus der EU austreten kann.

Quelle: http://www.spiegel.de/politik/ausland/0.1518.664413.00.html vom 1.12.2009

---

6 Internationale Zusammenarbeit (Sommer 2009)

1. Nennen Sie vier Kriegsgründe und erläutern Sie diese.
2. Erklären Sie den Begriff „Armee im Einsatz" (M 1).
3. Zählen Sie vier Aufgaben der Bundeswehr auf.
4. Welche Aufgabe der Bundeswehr halten Sie für die wichtigste? Begründen Sie Ihre Entscheidung.
5. Erläutern Sie zwei Gründe für und gegen einen weltweiten Einsatz der Bundeswehr.

M 1

Weißbuch[1] Bundeswehr 2006

Seit Mitte der 90er Jahre haben sich die für die Sicherheit Deutschlands maßgeblichen Organisationen die Nordatlantische Allianz, die Europäische Union, die Vereinten Nationen erheblich fortentwickelt und den neuen Risiken und Herausforderungen angepasst. Damit haben auch die Aufgaben der Mitgliedstaaten zugenommen. Seither leisten Soldaten der Bundeswehr auf dem Balkan, in der Kaukasusregion, am Horn von Afrika, im Nahen Osten, auf dem afrikanischen Kontinent sowie in Asien ihren Dienst für den Frieden. Die Bundeswehr beschreitet seit Jahren konsequent den Weg des Wandels zu einer Armee im Einsatz und verändert sich dabei tiefgreifend.

Dieser Prozess globaler Veränderungen wird anhalten. Deutschland stellt sich gemeinsam mit seinen Partnern und Verbündeten den Herausforderungen des Wandels und gestaltet ihn entsprechend seiner Verantwortung und seinen Interessen mit. Die Sicherheitspolitik Deutschlands wird von den Werten des Grundgesetzes und dem Ziel geleitet, die Interessen unseres Landes zu wahren, insbesondere: Recht und Freiheit, Demokratie, Sicherheit und Wohlfahrt für die Bürgerinnen und Bürger unseres Landes zu bewahren und sie vor Gefährdungen zu schützen, die Souveränität und die Unversehrtheit des deutschen Staatsgebietes zu sichern, regionalen Krisen und Konflikten, die Deutschlands Sicherheit beeinträchtigen können, wenn möglich vorzubeugen und zur Krisenbewältigung beizutragen, globalen Herausforderungen, vor allem der Bedrohung durch den internationalen Terrorismus und der Weiterverbreitung von Massenvernichtungswaffen, zu begegnen, zur Achtung der Menschenrechte und Stärkung der internationalen Ordnung auf der Grundlage des Völkerrechts beizutragen, den freien ungehinderten Welthandel als Grundlage unseres Wohlstandes zu fördern und dabei die Kluft zwischen armen und reichen Weltregionen überwinden zu helfen. Deutsche Sicherheitspolitik beruht auf einem umfassenden Sicherheitsbegriff, ist vorausschauend und multilateral angelegt. Sicherheit kann weder rein national noch allein durch Streitkräfte gewährleistet werden.

[1] *Das Weißbuch der Bundeswehr ist eine Veröffentlichung des Bundesverteidigungsministers der Bundesrepublik Deutschland, welches die Aufgaben der Bundeswehr für die kommenden Jahre festlegt und daraus Schlussfolgerungen für Personalstand, Ausrüstung und Ausbildung der Soldaten zieht. Es wird seit seiner Erstveröffentlichung 1970 in unregelmäßigen Abständen herausgegeben und unterliegt vor der Veröffentlichung stets der öffentlichen Diskussion und Zugänglichkeit.*

Lösungen auf Seite 204

Lösungen zu den Originalprüfungsaufgaben

1 Internationale Zusammenarbeit (Sommer 2001)

1. – Die Weltbevölkerung nimmt sehr stark zu.
   – In den Industrieländern ist der Zuwachs minimal.
   – In den Entwicklungsländern steigt der Zuwachs immer mehr (Bevölkerungsexplosion).

2. Z. B.
   – fehlende soziale Sicherungssysteme (Kinder als Alterssicherung).
   – Verhütung unterbleibt aus Mangel an Geld oder Information.
   – Religiöse Gründe, z. B. viele Kinder sind ein Segen Gottes, Verhütung ist verboten.
   – Patriarchalische Strukturen, d. h. viele Kinder gelten als Nachweis der Männlichkeit.

3. – Die Gefahr von Hungersnöten besteht.
   – Die Versorgung stark wachsender Bevölkerung ist nicht gesichert, dies kann zu Unruhen und Bürgerkriegen führen.
   – Weltweite Flucht- und Wanderungsbewegungen können verursacht werden.
   – Ökologische Folgen, wie steigender Bedarf an Energie, Wasser, Nutzflächen usw. und daraus entstehende Folgen wie Treibhauseffekt, Luftverschmutzung, Bodenerosion, Klimawandel etc.

4. Auf der nördlichen Erdhalbkugel leben die Industrieländer im Überfluss, auf der südlichen Halbkugel die Entwicklungsländer im Elend, teilweise mit Hungersnöten. Aufgrund der Gegebenheiten (wirtschaftliche Kluft) entstehen Spannungen (Konflikt) zwischen Nord und Süd.

5. Die Karikatur weist auf die gegenseitige Abhängigkeit von Entwicklungsländern und Industrieländern hin. So benötigen die Industrieländer dringend die Rohstoffe der Entwicklungsländer, diese wiederum sind genauso auf deren Abnahme durch die Industrieländer angewiesen. Siehe auch Antwort 6.

6. – Wirtschaftliche Gründe, wie die Sicherung der Rohstoffquellen, Entwicklungsländer als Abnehmer von Erzeugnissen der Industrieländer.
   – Weltweiter Umweltschutz, z. B. Regenwald, Treibhauseffekt, Ozonloch, Versteppung, Klimakatastrophe.
   – Humanitäre Gründe, wie menschliche Solidarität, Anrecht auf menschenwürdiges Leben und sichere Zukunft.
   – Machtpolitische Gründe, wie z. B. die Erweiterung der politischen und militärischen Einflusszone.
   – Beitrag zur Friedenssicherung.

7. – Mitarbeit in einer Hilfsorganisation   – Transfair-Produkte kaufen
     – Spenden   – Partnerschaften eingehen
     – Kontakt zu Flüchtlingen aufnehmen

2   Internationale Zusammenarbeit (Sommer 2005)

1. – den Weltfrieden sichern und die internationale Sicherheit wahren
   – freundschaftliche Beziehungen zwischen den Nationen entwickeln
   – internationale Zusammenarbeit herbeiführen, um wirtschaftliche, soziale,
     kulturelle und humanitäre Probleme zu lösen

2. – UNICEF (Weltkinderhilfswerk)
   – UNESCO (Organisation für Erziehung, Wissenschaft und Kultur)
   – WHO (Weltgesundheitsorganisation)
   – WTO (Welthandelsorganisation)
   – IMF (Internationaler Währungsfond)

3. – Einsatz friedlicher Mittel (Verhandlung, Vermittlung)
   – Einsatz politischer Macht und/oder wirtschaftlicher Sanktionen
     (z. B. Resolution des UN-Sicherheitsrats, Handelssperre)
   – Einsatz von Militär in Form von UN-Kampftruppen
   – Einsatz von UN-Friedenstruppen (Schaffung einer entmilitarisierten
     Pufferzone)

4. Die Not leidende afrikanische Bevölkerung wartet auf Hilfe. Die Maßnahmen der UNO greifen zu spät.

5. – Viele Menschen flüchten, weil sie von Hunger und Armut bedroht sind.
   – Bürgerkriege und Kriege sind für viele Menschen die Ursache.
   – Umweltkatastrophen sind häufig Ursache für Fluchtbewegungen.
   – Viele Flüchtlinge sind politisch oder religiös Verfolgte.

6. Schülerabhängige Antwort mit Begründung.

3   3 Internationale Zusammenarbeit (Winter 2006/2007)

1. Unter Globalisierung versteht man die weltweite Vernetzung im wirt-
schaftlichen, ökologischen und kommunikativen Bereich.
   – In der Wirtschaft, z. B. Verflechtung der Finanzmärkte, Abbau von
     Handelshemmnissen, Investitionen im Ausland.
   – In der Ökologie globale Gefährdungen mit weltweiten Auswirkungen auf
     Ernährungslage und Gesundheit, z. B. Ozonloch, CO_2-Ausstoß, interna-
     tionaler Tourismus.
   – In der Kommunikation vernetzte Welt durch Kommunikationstechniken
     wie Fax, Internet, Mobiltelefon, Satellitentechnik, Glasfaserkabel.

2. Schülerabhängige Antwort (vgl. Nr. 1)

3. Die reichen Industrienationen liegen größtenteils auf der Nordhalbkugel der Erde. Der größte Teil der armen Länder bzw. Entwicklungsländer liegt auf der Südhalbkugel der Erde.

4. 83 % des Welteinkommens liegen in den Händen der Industrienationen, die 80 % der noch vorhandenen Rohstoffe für ihre Einwohner verbrauchen und 60 % aller Nahrungsmittel essen. Dabei stellen die Industrienationen nur 22 % der Weltbevölkerung.

5. Das oberste Handlungsprinzip ist die Hilfe zur Selbsthilfe; Fair Trade, Schuldenerlass, technische Hilfe, Gründung von Schulen und Ausbildungswerkstätten.

---

4   Internationale Zusammenarbeit (Winter 2007/2008)

1. – gemeinsamer Wiederaufbau des zerstörten Europa nach dem 2. Weltkrieg
   – Gegengewicht zur kommunistischen Bedrohung im Zusammenhang mit dem Kalten Krieg
   – Europa als Gegengewicht zu den Großmächten USA und UdSSR
   – Friedenssicherung durch Abbau des Nationalismus und friedliche Lösung zwischenstaatlicher Konflikte
   – Großunternehmen (Multis) wie Daimler, Fiat, Siemens, Renault brauchen große Märkte
   – gemeinsame Großprojekte wie Luftfahrt, Raumfahrt

2. *Jüngste Mitgliedstaaten:* Rumänien (39), Bulgarien (38)
   Zwei der sechs Gründerstaaten: Belgien (12), West-Deutschland (22), Frankreich (4), Italien (17), Luxemburg (11), Niederlande (13).
   Zwei weitere Staaten: Großbritannien (5), Dänemark (23), Irland (6), Griechenland (37), Spanien (2), Portugal (1), Finnland (10), Schweden (9), Österreich (21), Estland (24), Lettland (25), Litauen (26), Polen (27), Tschechien (28), Slowakei (29), Ungarn (30), Slowenien (31), Malta (19), Zypern (48)

3. *Europäisches Parlament* – 785 Abgeordnete (Anmerkung: 2011: 736)
   Europäischer Gerichtshof – Wächter über Verträge
   EU-Kommission – Exekutive der EU
   Europäischer Rat – Grundsatzentscheidungen der 27 Regierungschefs

4. z. B.
   – *mehr Bürgernähe*: wie z. B. Engagement der Bundesländer in Schulen wie beim Projekttag Europa vom 22.01.07

- *Europäische Verfassung*: wichtig für künftige Verträge bzw. Neuaufnahme von Ländern, bringt mehr Bürgernähe und Transparenz
- *Klimaschutz*: Senkung des CO_2-Ausstoßes in Europa um 30 %, Einbindung von USA und Schwellenländern durch internationale Abkommen
- *Annehmen von internationalen Herausforderungen*: Nahostkonflikt, iranisches Atomprogramm, Kosovofrage

5. z. B.
   - Aufnahme und Beitrittskriterien neuer Länder wie Türkei oder Kroatien
   - EU-Verfassung, deutsche Staatsbürger konnten bisher noch nicht abstimmen bzw. sie wurden nicht befragt.
   - Klimawandel, CO_2-Ausstoß, unterschiedliche Meinungen zur Schadstoffplakette sowie die Fahrverbote in Baden-Württemberg (z. B. in Stuttgart)

5 | Internationale Zusammenarbeit (Winter 2010/2011)

1. Belgien, Deutschland, Frankreich, Italien, Luxemburg, Niederlande
2. – Friedenssicherung
   - Gemeinsamer Wiederaufbau nach dem 2. Weltkrieg
   - Gegengewicht zu den Großmächten USA, China, Sowjetunion
   - einheitlicher Markt (Großunternehmen wie Siemens, Daimler usw.) brauchen große Märkte
   - gemeinsame Forschung und Entwicklung bei Großprojekten z. B. Raumfahrt, Flugzeugbau
   - gegenseitige Kontrolle
3. Freier Personenverkehr
   - Wegfall von Grenzkontrollen
   - Niederlassungs- und Beschäftigungsfreiheit
4. Neuerungen
   - Amt des Präsidenten des Europäischen Rates
   - Amt eines „Hohen Vertreters der Union für Außenbeziehungen und Sicherheitspolitik" (= Außenminister der EU)
   - Mehr Zuständigkeiten für das EU-Parlament, es entscheidet in allen Fragen der Gesetzgebung mit
   - Nationale Parlamente können das Gesetzgebungsverfahren der EU aufhalten
   - Möglichkeit europäischer Bürgerinitiativen
   - Regelung für den Austritt eines Mitgliedstaates
5. Schülerabhängige Antwort

6 Internationale Zusammenarbeit (Sommer 2009)

1. Kriegsgründe:
   - ideologisch: z. B. gegensätzliche politische Systeme wie Kommunismus und Kapitalismus
   - religiös: unterschiedliche Glaubensrichtungen
   - wirtschaftlich: Sicherung wirtschaftlicher Vorteile, z. B. Zugang zu Rohstoffen, ungerechte Verteilung
   - nationalistisch: Diskriminierung von anderen Völkern bzw. Minderheiten
   - psychologisch: Misstrauen aufgrund geschichtlicher Erfahrung, Vorurteile, Wettrüsten

2. Nachdem der Kalte Krieg beendet war, hat sich der Auftrag der Bundeswehr grundlegend geändert. Als Armee im Einsatz sind deutsche Soldaten nunmehr weltweit im Auftrag von UNO und NATO im Einsatz. So sollen deutsche Interessen gesichert und allgemein anerkannte Werte geschützt werden.

3. Aufgaben der Bundeswehr:
   - Schutz der Bürger unseres Landes
   - Bekämpfung des internationalen Terrorismus
   - den Menschenrechten zur Durchsetzung verhelfen
   - Krisen vorbeugen und bei deren Bewältigung helfen
   - Verteidigung der Landesinteressen
   - Weiterverbreitung von Massenvernichtungswaffen verhindern

4. Schülerabhängige Antwort

5. Gründe für den weltweiten Einsatz:
   - Neuartige Bedrohungen können nur global bekämpft werden.
   - Stärkere internationale Verpflichtungen eines vereinigten und größeren Deutschlands.
   - Zunehmende Verpflichtungen gegenüber den Bündnispartnern.

   Gründe gegen einen weltweiten Einsatz:
   - Die Bundeswehr gerät finanziell und personell an ihre Grenzen.
   - Die weltweiten Einsätze verursachen für Deutschland neue Gefahren, z. B. Anschläge.
   - Belastungen durch die deutsche Vergangenheit.

Sachwortverzeichnis